Okko Herlyn • DIE ZEHN GEBOTE

OKKO HERLYN

DIE ZEHN GEBOTE

Verstehen, was wir tun können

neukirchener

MIX
Papier aus verantwortungsvollen Quellen
FSC® C014496

Bibliografische Information der Deutschen Nationalbibliothek:
Die Deutsche Nationalbibliothek verzeichnet diese Publikation in der Deutschen Nationalbibliografie; detaillierte bibliografische Daten sind im Internet über http://dnb.d-nb.de abrufbar.

Umschlaggestaltung: Grafikbüro Sonnhüter, www.grafikbuero-sonnhueter.de
Lektorat: Hauke Burgarth, Ekkehard Starke
DTP: Breklumer Print-Service, info@breklumer-print-service.com
Verwendete Schrift: ScalaSans, Scala
Gesamtherstellung: GGP Media GmbH, Pößneck
Printed in Germany
ISBN 978-3-7615-6645-9 Print
ISBN 978-3-7615-6646-6 E-Book

www.neukirchener-verlage.de

Inhalt

I. ZWISCHEN PARTEITAG, HEINO UND „QUICK“

Erste Auffälligkeiten

1. Eine Wichtigkeit, die niemand näher kennt

Soeben macht der Generalsekretär auf dem Bundesparteitag eine bedeutungsschwangere Pause. Wieder einmal geht es in seiner Rede um Grundsätzliches. Um Werte, um Traditionen, um Leitlinien und Programme. Wahlen stehen bevor, und die Stimmung im Land steht zurzeit nicht zum Besten. Da sollte man der Öffentlichkeit schon sagen, wo es in den nächsten Jahren ganz allgemein langgehen soll. Nun ist der Redner gerade bei seiner offenbar gut kalkulierten Pause angelangt. Wer ihn kennt, weiß, dass gleich etwas überaus Gewichtiges kommen wird. Und in der Tat: Keiner im großen Rund der Messehalle wird enttäuscht. „Wer von den jungen Leuten“, so klagt der gewiefte Politprofi jetzt in geübtem Pathos in die Stille des Plenums hinein, „hört heute noch von den Zehn Geboten?“ Dabei sagt seine bedenkenschwere Miene mehr als seine Worte. Anscheinend gehören die Zehn Gebote für ihn genau zu jenen Grundsätzlichkeiten, um die es heute geht. Und das – wie er mehrfach betont – nicht nur für seine Partei, sondern vor allem für das Land, dessen Zukunft es mit dem neuen Programm zu gestalten gelte. Satter Applaus.

Mit dieser Einschätzung der Zehn Gebote befindet sich der Herr Generalsekretär durchaus in guter Gesellschaft. Nicht zu zählen sind ja die vielen prominenten Äußerungen, die den Zehn Geboten höchste Wichtigkeit bescheinigen. Schon vor Jahren etwa ließ uns Schlagerstar Heino wissen: „In unserer schnelllebigen Zeit muss man nachdrücklich auf allgemeingültige Werte hinweisen. Die Zehn Gebote sind für mich dabei wichtige Anhaltspunkte." Möglicherweise hatte er sich gerade in die Lektüre von Thomas Manns Novelle „Das Gesetz" vertieft, in der die Zehn Gebote immerhin als „die Quintessenz des Menschenanstandes" bezeichnet werden. Oder sich jenes eindrucksvollen Artikels in der „Quick" erinnert. Diese ehemalige deutsche Illustrierte, die sich ansonsten mehr „Sex and Crime"-Themen zu widmen pflegte, befand nämlich seinerzeit zum Erstaunen ihrer Leserschaft: „Die Zehn Gebote haben ewigen Bestand. Sie geben uns mit wenigen Worten die Idee eines menschlichen und menschenwürdigen Lebens." Es ist schon auffallend: Nicht nur ausgewiesene Theologinnen und Theologen attestieren den Zehn Geboten eine enorme, auch über den Glauben hinausgehende Bedeutung.

Dieser Beobachtung steht allerdings eine auffallende Unkenntnis der angeblich so wichtigen und grundlegenden Zehn Gebote gegenüber. Vor Jahren scheiterten bei einer ZDF-Quizsendung die Kandidaten reihenweise an der Aufgabe, das eine oder andere Gebot ordentlich herzusagen oder wenigstens seinen Inhalt zu nennen. Rundfragen unter unbefangenen Zeitgenossen, was denn eigentlich in den Zehn Geboten stehe, haben meist ähnliche Ergebnisse. Manchmal langt es gerade einmal noch zu „Du sollst nicht töten", „Du sollst nicht ehebrechen" oder „Du sollst nicht lügen". Mitunter auch zu „Du sollst deinen Nächsten lieben wie dich selbst". Lässt man einmal dahingestellt, inwieweit diese Formulierungen überhaupt in den Zehn Geboten vorkommen, muss man zunächst konstatieren, dass die allgemeine Kenntnis dieser vermeintlichen Wichtigkeit von angeblich sogar „ewigem Bestand" überaus dürftig ist. Man behauptet irgendeine große Bedeutsamkeit und weiß gar nicht, worum es dabei im Einzelnen überhaupt geht. Verrückt.

Über die Gründe für diesen eklatanten Widerspruch kann man sicher lange mutmaßen. Liegt es an dem allgemeinen und viel beklagten „Werteverfall" unserer Gesellschaft? Liegt es an den verschiedenen, immer wieder auch statistisch festgestellten „Traditionsabbrüchen"? Liegt es an einer erheblichen Wandlung der religiösen Erziehung in Elternhaus, Schule und Kirche? „Die lernen ja heutzutage auch nichts mehr", klagt nicht selten die ältere Generation – unabhängig davon, ob ihr das bloße „Lernen" der Zehn Gebote dieselben überhaupt nahegebracht hat. Oder liegt es gar daran, dass die Zehn Gebote am Ende gar nicht das sind, was man ihnen – gerade auch von theologischer Seite – vollmundig zuschreibt? Nämlich „Grundwerte" für unsere Gesellschaft darzustellen, wie es etwa der Rat der Evangelischen Kirche in Deutschland in einem gemeinsamen Wort mit der Deutschen Bischofskonferenz formuliert hat.

Und man kann weiterfragen. Etwa, wie von einem Text, der schlappe zweieinhalb Jahrtausende auf dem Buckel hat, überhaupt behauptet werden könne, in ihm gehe es um „Grundwerte" auch für unsere heutige Zeit und Gesellschaft. Oder wie man sich zu der These versteigen wolle, dass eine gute Handvoll sozialer Regeln, die sich offensichtlich auf eine kleine, antike Gesellschaft irgendwann im vorderen Orient beziehe, geeignet sei, den vielfältigen neuen und auch überaus komplexen Problemen der Gegenwart auch nur annähernd gerecht zu werden. Wie sollen wir Worten, die von „Knecht" und „Magd", von „Rind" und „Esel" handeln, maßgebliche Orientierung für aktuell drängende Themen wie „Globalisierung", „Menschenrechte", „Migration", „Klimawandel" oder „Digitalisierung" entnehmen, um nur einige gegenwärtige Probleme zu nennen? Schließlich: Wie verhalten sich denn die Zehn Gebote der Bibel überhaupt zu anderen biblischen Geboten, etwa zu den Aussagen der Bergpredigt Jesu oder zu den reichlichen Ermahnungen eines Apostels Paulus? Geht es überhaupt an, einen ursprünglich dem *jüdischen* Glauben entstammenden Text zum Zentrum einer *christlichen* Ethik zu erklären? Nicht zuletzt: Wie steht es eigentlich um die Besonderheit der Zehn Gebote angesichts mancherlei ähnlicher Maximen auch in anderen Religionen, Philosophien und Weltanschauungen? Fragen über Fragen. Ob wir immer zu einer befriedigenden Antwort kommen werden, sei dahingestellt.

Was wir aber jetzt schon sagen können: Wir werden im Folgenden zunächst jeweils vor allem den Wortlaut der Zehn Gebote *selbst* sprechen lassen, um von dorther einigermaßen plausible Bezüge zur Gegenwart herzustellen. Dass das nicht immer ganz einfach ist, versteht sich fast von selbst. Denn wo steht geschrieben, dass das, was wichtig ist, immer nur einfach zu haben ist? Es gibt ja manchmal auch die beglückende Erfahrung, dass man gerade nach einer vielleicht auch etwas größeren Mühe am Ende reich belohnt wird. Frag einen Sportler. Frag eine Chorsängerin. Frag nach bei einem Hobbykoch oder einer x-beliebigen Wandergruppe des Sauerländischen Gebirgsvereins. Wem wirklich an einem überzeugenden, vielleicht auch schönen und erfreulichen Ergebnis gelegen ist, der wird eine gewisse Anstrengung nicht grundsätzlich scheuen. Dass eine Mühe nicht immer nur „vergeblich" sein, sondern manchmal auch „guten Lohn" haben kann, weiß schon die Bibel (vgl.

Psalm 90, 10 und Prediger Salomo 4, 9). Und so wird es auch beim Lesen und Verstehen der Zehn Gebote nicht immer mühelos zugehen. Doch keine Bange: Am Ende winkt auch hier guter Lohn. So viel zumindest sei schon jetzt verraten.

2. Zwei Texte, aber eine Menge Fragen

Der Text der Zehn Gebote begegnet uns in der ganzen Bibel gerade einmal an zwei Stellen. Das ist für ein Buch mit ungefähr tausend Seiten nicht eben überwältigend, zumindest prozentual gesehen. Beide Stellen, nämlich 2. Mose 20, 2-17 und 5. Mose 5, 6-21, stehen dazu noch in ein und demselben erzählerischen Zusammenhang. Es ist die Geschichte von der Befreiung des Volkes Israel aus der ägyptischen Knechtschaft, die Geschichte von der langen und beschwerlichen Wanderung durch die Wüste und schließlich von dem Betreten des gelobten Landes in Kanaan. Später werden dann die Gebote sowohl im Alten als auch im Neuen Testament nur noch vereinzelt zitiert. Trotz dieses relativ bescheidenen Vorkommens erhalten sie allerdings durch ihre besondere Stellung innerhalb der biblischen Erzählung ein außergewöhnliches Gewicht. Das ist erklärungsbedürftig.

Unmittelbar vor der ersten Erwähnung der Zehn Gebote kommt es zu einer mächtigen Gotteserscheinung am Sinai. Mitten in der Wüste, inmitten von Hunger und Durst, von Verirrung und Verzweiflung, Glaubensabfall und Gewalt begegnet Gott seinem Volk mit einer fundamentalen Botschaft: „Ihr sollt mein Eigentum sein vor allen Völkern; denn die ganze Erde ist mein. Und ihr sollt mir ein Königreich von Priestern und ein heiliges Volk sein“ (2. Mose 19, 5f). Ehemalige Sklaven nun auf einmal Könige! Ehemalige Gotteshaderer nun auf einmal Priester und Heilige! Was für eine Botschaft! Wenig später schließt Gott mit seinem Volk sogar einen Bund. Das alles ist zum Verständnis der Gebote insgesamt nicht ohne Belang. Denn durch diesen Zusammenhang erhalten sie offenbar ein besonderes, geradezu überragendes Gewicht. Hier erhebt nicht irgendwer seine Stimme. Hier geht es nicht nur um irgendwelche sozialen „Werte", wie wir sie so oder ähnlich sicher auch woanders antreffen mögen. Hier geht es nicht um irgendwelche moralischen Forderungen, über die man bei Gelegenheit sicher trefflich diskutieren kann. Hier in diesen Geboten, „geschrieben von dem Finger Gottes" (2. Mose 31, 18), spricht der Höchste selbst. Deshalb heißt es unmittelbar vor den Geboten: „Und Gott redete alle diese Worte" (2. Mose 20, 1). Hier geht es also um eine alleroberste Autorität. Und deshalb geht es hier aufseiten des Menschen um ein unbedingtes In-die-Pflicht-Nehmen, das kein Wenn und kein Aber duldet. Geringe Prozentzahlen hin oder her – manchmal kommt es eben nicht auf die Quantität an.

Die zweite Erwähnung der Zehn Gebote findet sich zum Ende jener großen Erzählung. Die lange, sage und schreibe vierzig Jahre währende Wüstenwanderung liegt hinter dem Volk. Nun befindet es sich kurz vor dem Übertritt ins neue Land der Freiheit. Mose, der bisher das Volk durch alle Irrungen und Wirrungen hindurchgeführt hat, muss allerdings Abschied nehmen und sein Amt an seinen Nachfolger Josua übergeben. Bevor es dazu kommt, holt er noch einmal die Zehn Gebote hervor: „Und Mose rief ganz Israel zusammen und sprach zu ihnen: Höre, Israel, die Gebote und Rechte, die ich heute vor euren Ohren rede, und lernt sie und bewahrt sie, dass ihr danach tut!" (5. Mose 5, 1). Auch diese Stellung der Gebote innerhalb der Erzählung ist nicht ohne Bedeutung. Das Volk befindet sich ja im Übergang. Übergänge – das kennt jedes Kind – sind immer mit Unsicherheit verbunden. Wenn nun ausgerechnet in dieser Situation die Gebote noch einmal wiederholt werden, so sagt das schlicht: Diese Weisungen sind ein Geländer, an dem sich das Volk auch in der vor ihm liegenden, noch unsicheren Zukunft festhalten kann. Eine gültige Orientierung, mit der das Miteinander im neuen Land gestaltet werden soll. Vielleicht hat Heino doch nicht so ganz unrecht.

Wir schauen uns nun diese beiden Textstellen zunächst in Ruhe an, indem wir sie einfach einmal nebeneinanderlegen.

2. Mose 20, 2-17:	*5. Mose 5, 6-21:*
Ich bin der Herr, dein Gott, der ich dich aus Ägyptenland, aus der Knechtschaft, geführt habe.	*Ich bin der Herr, dein Gott, der dich aus Ägyptenland geführt hat, aus der Knechtschaft.*
Du sollst keine anderen Götter haben neben mir.	*Du sollst keine anderen Götter haben neben mir.*
Du sollst dir kein Bildnis noch irgendein Gleichnis machen, weder von dem, was oben im Himmel, noch von dem, was unten auf Erden, noch von dem, was im Wasser unter der Erde ist: Bete sie nicht an und diene ihnen nicht! Denn ich, der Herr, dein Gott, bin ein eifernder Gott, der die Missetat der Väter heim-	*Du sollst dir kein Bildnis machen in irgendeiner Gestalt, weder von dem, was oben im Himmel, noch von dem, was unten auf Erden, noch von dem, was im Wasser unter der Erde ist. Du sollst sie nicht anbeten noch ihnen dienen. Denn ich, der Herr, dein Gott, bin ein eifernder Gott, der die Missetat*

sucht bis ins dritte und vierte Glied an den Kindern derer, die mich hassen, aber Barmherzigkeit erweist an vielen Tausenden, die mich lieben und meine Gebote halten.

Du sollst den Namen des Herrn, deines Gottes, nicht missbrauchen; denn der Herr wird den nicht ungestraft lassen, der seinen Namen missbraucht.

Gedenke des Sabbattages, dass du ihn heiligst. Sechs Tage sollst du arbeiten und alle deine Werke tun. Aber am siebenten Tage ist der Sabbat des Herrn, deines Gottes. Da sollst du keine Arbeit tun, auch nicht dein Sohn, deine Tochter, dein Knecht, deine Magd, dein Vieh, auch nicht dein Fremdling, der in deiner Stadt lebt. Denn in sechs Tagen hat der Herr Himmel und Erde gemacht und das Meer und alles, was darinnen ist, und ruhte am siebenten Tage. Darum segnete der Herr den Sabbattag und heiligte ihn.

der Väter heimsucht bis ins dritte und vierte Glied an den Kindern derer, die mich hassen, aber Barmherzigkeit erweist an vielen Tausenden, die mich lieben und meine Gebote halten.

Du sollst den Namen des Herrn, deines Gottes, nicht missbrauchen; denn der Herr wird den nicht ungestraft lassen, der seinen Namen missbraucht.

Den Sabbattag sollst du halten, dass du ihn heiligst, wie dir der Herr, dein Gott, geboten hat. Sechs Tage sollst du arbeiten und alle deine Werke tun. Aber am siebenten Tag ist der Sabbat des Herrn, deines Gottes. Da sollst du keine Arbeit tun, auch nicht dein Sohn, deine Tochter, dein Knecht, deine Magd, dein Rind, dein Esel, all dein Vieh, auch nicht dein Fremdling, der in deiner Stadt lebt, auf dass dein Knecht und deine Magd ruhen gleichwie du. Denn du sollst daran denken, dass auch du Knecht in Ägyptenland warst und der Herr, dein Gott, dich von dort herausgeführt hat mit mächtiger

	Hand und ausgerecktem Arm. Darum hat dir der Herr, dein Gott, geboten, dass du den Sabbattag halten sollst.
Du sollst deinen Vater und deine Mutter ehren, auf dass du lange lebest in dem Lande, das dir der Herr, dein Gott, geben wird.	*Du sollst deinen Vater und deine Mutter ehren, wie dir der Herr, dein Gott, geboten hat, auf dass du lange lebest und dir's wohlgehe in dem Lande, das dir der Herr, dein Gott, geben wird.*
Du sollst nicht töten.	*Du sollst nicht töten.*
Du sollst nicht ehebrechen.	*Du sollst nicht ehebrechen.*
Du sollst nicht stehlen.	*Du sollst nicht stehlen.*
Du sollst nicht falsch Zeugnis reden wider deinen Nächsten.	*Du sollst nicht falsch Zeugnis reden wider deinen Nächsten.*
Du sollst nicht begehren deines Nächsten Haus. Du sollst nicht begehren deines Nächsten Frau, Knecht, Magd, Rind, Esel noch alles, was dein Nächster hat.	*Du sollst nicht begehren deines Nächsten Frau. Du sollst nicht begehren deines Nächsten Haus, Acker, Knecht, Magd, Rind, Esel noch alles, was sein ist.*

Schon nach einem ersten flüchtigen Lesen drängen sich verschiedene *Fragen* auf, die wir vorerst nur einmal benennen wollen, ohne gleich eine passende Antwort parat zu haben:

Wie kann es sein, dass wir in der Bibel überhaupt zwei Versionen der Zehn Gebote haben, die zudem noch – wie man leicht ersieht – nicht hundertprozentig deckungsgleich sind?

Wie reimen sich eigentlich bestimmte Angaben in den Zehn Geboten, die eher auf eine gewisse *Sesshaftigkeit* hindeuten – etwa „Stadt“, „Haus“ oder „Acker“ – mit der Erzählung der Gebote, die ja in der *Wüste* spielt, zusammen, wo es Städte, Häuser und Äcker nun einmal nicht gibt?

Kann man überhaupt nähere Angaben über die Zeit und auch die Zeitumstände, in denen die Zehn Gebote aufgeschrieben worden sind, machen?

Wieso gibt es sowohl *Ge*bote als auch *Ver*bote?

Warum gibt es Gebote, die in der *ersten*, und andere, die in der *dritten* Person von Gott reden?

Was hat es damit auf sich, dass einige Gebote *mit*, andere *ohne* ein Objekt, auf das sie sich beziehen, erscheinen?

Weshalb haben manche Gebote eine zum Teil sehr ausführliche Begründung, andere wiederum gar keine?

Inwiefern reden wir überhaupt von den *Zehn* Geboten? In den beiden Texten jedenfalls taucht diese Zahl gar nicht auf. Und in dem Zusammenhang: Wie kommt es, dass verschiedene Glaubensrichtungen die Zehn Gebote völlig unterschiedlich durchzählen?

Und weiter: Wie verhalten sich zu dieser Zehnzahl die berühmten „zwei steinernen Tafeln“, von denen doch auch immer wieder die Rede ist, wenn es um die Zehn Gebote geht?

Nicht zuletzt: Wer ist eigentlich genau mit dem „Du“ gemeint, das sich durch alle Gebote hindurchzieht („du sollst …“)?

Wieder einmal also eine Menge Fragen. Auf den ersten Blick scheinen sie mehr *formaler* Natur zu sein. Damit sie uns nicht sogleich die Sicht auf die *Inhalte* der Gebote verstellen, wollen wir sie für alle neugierig Gewordenen am Ende des Buches noch einmal aufgreifen (vgl. Kapitel XIV.) und versuchen, sie, so gut es geht, gemäß dem derzeitigen Stand der Bibelwissenschaft zu beantworten. Dabei wird sich herausstellen, dass manchmal auch scheinbar „bloße Formsachen“ zum inhaltlichen Verständnis eines Textes sehr wohl beitragen können. *Dass* es in Dingen des Glaubens nicht nur um ein großes Vertrauen geht, sondern eben auch um ein *Verstehen*wollen dessen, woran wir glauben, ist christliche Weisheit seit alters. Der große mittelalterliche Theologe Anselm von Canterbury sprach deshalb immer wieder von einem „Glauben, der nach *Erkenntnis* sucht“ (fides quaerens intellectum). Es könnte das heimliche Programm auch eines Buches sein, das sich mit den Zehn Geboten beschäftigt: Verstehen, was wir – um Gottes willen – tun können.

II. „ICH BIN DER HERR, DEIN GOTT“

Eine Präambel, die es in sich hat

1. Mehr als ein Vorwort

Es ist uns bereits aufgefallen: Der erste Satz der Zehn Gebote ist gar kein richtiges Gebot. Ein solches steht nach den Regeln der Grammatik bekanntlich in der *Befehlsform* (Imperativ). Dies aber ist ein Satz in der *Aussageform* (Indikativ): „Ich bin der Herr, dein Gott, der ich dich aus Ägyptenland, aus der Knechtschaft, geführt habe.“ Trotz dieses Unterschieds steht dieser Satz aber nun einmal in einem sehr engen Zusammenhang mit den folgenden Geboten. Es scheint sich um eine Art Prolog (wörtlich „Vorwort“) oder eine Präambel zu handeln. Solche Vorworte kennen wir ja auch aus anderen Zusammenhängen. Nicht wenige Bücher zum Beispiel beginnen mit so einem vorangestellten Wort, in dem uns etwas Wichtiges zum Verständnis des Buches etwa durch den Herausgeber mitgeteilt wird.

Und wenn wir den Kreis noch etwas weiterziehen, dann stellen wir fest, dass Prologe manchmal sogar Teil des ganzen literarischen Werkes sind. Bereits die alten griechischen Tragödien machten reichlich Gebrauch davon. Oder wir denken an den berühmten „Prolog im Himmel“ in Goethes „Faust“, an den einen oder anderen Roman von Erich Kästner, ja selbst an das biblische Buch „Hiob". Auch im übertragenen Sinne begegnet uns der Begriff hier und da. So heißt etwa die erste Etappe der „Tour de France" seit jeher „Prolog", weil es auch hier um eine wichtige Vorentscheidung geht, nämlich darum, wer das begehrte Gelbe Trikot des Spitzenreiters bis auf Weiteres tragen darf.

Vielleicht kommen wir jenem ersten Satz der Gebote noch etwas näher, wenn wir in ihm nicht nur ein Vorwort, sondern geradezu eine *Präambel* sehen. Eine solche hat eigentlich ein noch größeres Gewicht als ein bloßes Vorwort. Sie steht nämlich in der Regel vor besonders herausgehobenen Texten: Urkunden, Verträgen oder auch ganzen staatlichen Verfassungen, und gibt dabei die grundsätzliche Richtung vor, unter der der folgende Vertrags- oder Verfassungstext zu verstehen ist. Umgekehrt muss sich dieser immer wieder eben an den in der Präambel vorangestellten Grundsätzen messen lassen. So sind uns seit den Tagen des Englischunterrichts etwa die Worte aus der Präambel der amerikanischen Unabhängigkeitserklärung im Ohr: „We hold these truths to be self-evident, that all men are created equal ..." Noch näher ist uns natürlich die Formulierung aus der Präambel unseres eigenen Grundgesetzes: „Im Bewusstsein seiner Verantwortung vor Gott und den Menschen ... hat sich das Deutsche Volk kraft seiner verfassungsgebenden Gewalt dieses Grundgesetz gegeben." Andere, die ebenfalls in der Schule ein wenig aufgepasst haben, vergleichen eine Präambel gerne mit dem Vorzeichen vor einer Klammer. Ein solches – so viel sollte vom Mathematikunterricht hängen geblieben sein – bestimmt entscheidend den gesamten Inhalt dessen, was sich in der Klammer befindet. Plus oder minus. Wie auch immer – die in einer Präambel formulierten Grundsätze bestimmen also entscheidend den „Charakter" des ihr folgenden Textes.

Um nun dem Charakter der Zehn Gebote auf die Spur zu kommen, ist es demzufolge sinnvoll, sich die Grundsätze klarzumachen, die in dieser Präambel formuliert werden. Ohne das Beachten dieser Grundsätze könnten wir sonst Gefahr laufen, die Gebote völlig misszuverstehen. Das kann niemand wollen. Und dass es beim Verständnis der Zehn Gebote von Missverständnissen nur so wimmelt, gehört leider zu den eher betrüblichen Seiten der Christentumsgeschichte. Über manche davon werden wir noch reden müssen. Gucken wir uns also zunächst in aller Ruhe an, was überhaupt in dieser Präambel drinsteht.

2. Was für Gott typisch ist

„Ich bin die Katrin." Wir sitzen gerade in einer Vorstellungsrunde. Bevor es an die eigentliche Arbeit geht, soll jeder kurz etwas Typisches über sich sagen. „Ja, also, ich bin die Katrin", ist nun gerade Katrin an der Reihe. „Ich bin 32 Jahre alt, habe zu Hause einen süßen kleinen Kater, lache gerne und bin manchmal etwas ungeduldig." Nun wissen wir also schon etwas mehr über Katrin. Zumindest einiges von dem, was sie selbst uns als für sie typisch mitteilen möchte.

Auch die Präambel der Zehn Gebote fängt mit so einer „Ich-bin"-Formulierung an: „Ich bin der Herr, dein Gott ..." Wenn das Katrin-Beispiel zutrifft, dann können wir also auch hier etwas von dem erfahren, was Gott selbst uns als für ihn typisch mitteilen möchte. Solche sogenannten „Selbstvorstellungsformeln" Gottes kommen in der Bibel gar nicht so selten vor. „Ich bin dein Schild und sehr großer Lohn", sagt er zum Beispiel zu Abraham (1. Mose 15, 1). „Ich bin mit dir", sagt er zu Jakob

(1. Mose 28, 15). „Ich bin der Herr, und sonst keiner mehr", sagt er zu Jesaja (Jesaja 45, 5). Aus all diesen Worten spricht zunächst eine unbedingte göttliche Autorität. Wer Gott ist, kann nur Gott selbst sagen. (Nebenbei: Es ist ähnlich wie in jener Vorstellungsrunde. Wer Katrin ist, kann auch nur Katrin selbst sagen.) Aber was ist das – wenn man so will – „Typische" für Gott?

Er selbst sagt von sich: „Ich bin der Herr." Was Martin Luther und andere an dieser Stelle mit „Herr" übersetzen, ist im hebräischen Urtext der Zehn Gebote nur eine merkwürdige Folge von Buchstaben: JHWH. Dieses Kürzel geht zurück auf die Geschichte von der Berufung des Mose am Berg Horeb in der Wüste (2. Mose 3). Auch dort stellt sich Gott vor: „Ich bin, der ich bin." Der hebräische Text lässt auch zu, es mit „Ich werde sein, der ich sein werde" oder mit „Ich bin da, weil ich da bin" wiederzugeben. Dieses kurze Sätzchen lässt sich im Hebräischen in der Buchstabenfolge JHWH, dem sogenannten Tetragramm, zusammenfassen. Fortan steht in der jüdischen Tradition bis heute das Tetragramm für den Namen Gottes. Während die christliche Tradition in der Regel dort, wo es auftaucht, unbefangen das Wort „Herr", manchmal auch „Jahwe" verwendet, spricht ein jüdischer Mund diesen Namen Gottes grundsätzlich nicht aus. Aus Ehrfurcht. Stattdessen werden Umschreibungen gewählt: „der Ewige", „der „Heilige", „der Erhabene" oder einfach auch nur „der Name".

Wie auch immer man die Selbstvorstellungsformel Gottes in der Berufungsgeschichte des Mose auch übersetzt, in jedem Fall scheint eine Grundbotschaft unmissverständlich hindurch: Gott stellt sich als derjenige vor, der unbedingt für sein Volk da ist und bleiben wird. Die Erzählung setzt sich nämlich so fort: „So sollst du zu den Israeliten sagen: Der ‚Ich bin da' hat mich zu euch gesandt" (2. Mose 3, 14). Und so ist auch aus der Selbstvorstellungsformel unserer Präambel zunächst nichts anderes als die unbedingte Zuwendung Gottes zu den Seinen herauszuhören. Wenn Gott sagt: „Ich bin", so ist das etwas grundsätzlich anderes als die bloß theoretische Behauptung der Existenz einer Gottheit. Über diese Frage kann man gerne anderenorts philosophisch streiten. Hier geht es darum, dass von Gott her eine *Beziehung* gestiftet wird: „Ich bin der Herr, *dein* Gott."

Ja, es ist schon auffallend, dass in der Bibel überall dort, wo von Glauben die Rede ist, wenig bis gar nicht über die sogenannte „Gottesfrage" abstrakt theoretisiert wird. Im Glauben geht es dort immer zuerst um eine Beziehung, und zwar um eine überaus vertrauensvolle. „Abraham glaubte dem Herrn und das rechnete er ihm zur Gerechtigkeit", heißt es zum Beispiel von einem der Erzväter (1. Mose 15, 6). Und wenn Jesus im Neuen Testament die starke „Ich-bin"-Formel übernimmt, so beansprucht er damit nicht nur göttliche Autorität, sondern veranschaulicht in vielen verschiedenen Bildworten immer wieder andere und neue Seiten eben einer unverwechselbaren Beziehung: „Ich bin der gute Hirte" (Johannes 10, 11). „Ich bin der Weinstock, ihr seid die Reben" (Johannes 15, 5). „Ich bin der Weg, die Wahrheit und das Leben" (Johannes 14, 6). Es ist nicht verwunderlich, wenn etwa Konfirmanden, die sich ihren Konfirmationsspruch selbst aussuchen dürfen, häufig eins dieser Ich-bin-Bildworte wählen. Was auch immer sie im Unterricht gelernt oder auch nicht gelernt haben mögen, sie haben wenigstens verstanden: Da ist jemand für mich da. Ich gehöre zu ihm, komme, was da wolle. Auf meiner Konfirmationsurkunde sind die Worte aus dem Heidelberger Katechismus zu lesen: „... dass ich mit Leib und Seele, beides, im Leben und im Sterben, nicht mein, sondern meines getreuen Heilandes Jesu Christi eigen bin."

Diese von Gott selbst gestiftete Zugehörigkeit zu ihm wird nun in der Präambel der Zehn Gebote noch einmal präzisiert, wenn es dort heißt: „Ich bin der Herr, dein Gott, der ich dich aus Ägyptenland, aus der Knechtschaft, geführt habe." Das erinnert unschwer an die Geschichte des Volkes Israel, wie sie ja in aller Breite in der Bibel erzählt wird. Durch dramatische Umstände, vor allem aufgrund wirtschaftlicher Nöte, gerät die Großfamilie des Erzvaters Jakob in die Fremde nach Ägypten. Nach etlichen Generationen werden sie dort zu einem großen Volk, vor dem sich die Ägypter irgendwann allerdings zu fürchten beginnen. Wir lesen: „Siehe, das Volk der Israeliten ist mehr und stärker als wir. Wohlan, wir wollen sie mit List niederhalten, dass sie nicht noch mehr werden. Denn wenn ein Krieg ausbräche, könnten sie sich auch zu unsern Feinden schlagen und gegen uns kämpfen und aus dem Land hinaufziehen" (2. Mose 1, 9f). Fortan wird das Volk der Israeliten nicht nur „mit List niedergehalten", sondern unterdrückt, geknechtet und ausgebeutet: „Da zwangen die Ägypter die Israeliten unbarmherzig zum Dienst und machten ihnen ihr Leben sauer mit schwerer Arbeit in Ton und Ziegeln und mit mancherlei Frondienst auf dem Felde, mit all ihrer Arbeit, die sie ihnen mit Gewalt auferlegten" (13f).

Doch dann kommt es zu einer dramatischen Wende. Gott selbst greift in diese schreckliche Geschichte ein: „Ich habe das Elend meines Volks in Ägypten gesehen, und ihr Geschrei über ihre Bedränger habe ich gehört; ich habe ihre Leiden erkannt. Und ich bin herniedergefahren, dass ich sie errette aus der Ägypter Hand und sie aus diesem Lande hinaufführe in ein gutes und weites Land, in ein Land, darin Milch und Honig fließt" (2. Mose 3, 7f). Wie auch immer sich diese Geschichte im Einzelnen historisch gesehen abgespielt haben mag, das Volk Israel lebt bis heute von dieser – psychologisch gesprochen – „Urerfahrung“: Gott ist nicht nur einfach „da“, so wie man etwa davon reden kann, dass ein Baum oder ein Haus „da“ ist, also bloß existiert. Gott ist vielmehr für seine Menschen da („dein Gott“), ja, mehr noch: Er ist so für seine Menschen da, dass er sie aus der Unterdrückung befreit („der ich dich aus der Knechtschaft geführt habe“).

Halten wir fest: Wenn es in der Präambel der Zehn Gebote um die Selbstvorstellung Gottes geht, und wenn – noch einmal dem Katrin-Modell folgend – Gott selbst über sich etwas für ihn Typisches sagt, dann ist die Botschaft ganz einfach: Aus Gottes eigener Sicht ist *Befreien* etwas für ihn Typisches. Der Gott, der uns in den Zehn Geboten begegnet, ist ein grundsätzlich befreiender Gott. Wie quer liegt allein diese Erkenntnis zu den vielen Vorurteilen, die einem bei der Erwähnung der Zehn Gebote auch begegnen. Auf die Frage, was das Christentum sei, antwortete mir ein Konfirmand: „Alles das, was man nicht darf.“ Hat er recht? Die Präambel spricht jedenfalls eine andere Sprache.

3. Eine theologische Grammatik der besonderen Art

Wir müssen noch einmal auf die Grammatik zu sprechen kommen. Die Zehn Gebote sind ja – so ist das eben bei Geboten – grammatikalisch in der sogenannten „Befehlsform“ (Imperativ) verfasst: „Du sollst ...“ beziehungsweise „Du sollst nicht ...“. Solche imperativischen Formulierungen begegnen uns ja auch sonst häufig im Leben. „Übersetzen Sie bitte den folgenden Abschnitt!“ Wie oft bin ich seinerzeit unter solchen „Befehlen“

zusammengezuckt. Wenn man mal darauf achtet: Überall sind wir eigentlich von Befehlen, Vorschriften, Geboten, Verboten, Regeln, Aufforderungen oder Anweisungen umzingelt. „Keine Reklame einwerfen!", ist zum Beispiel in harschem Ton an meinem Briefkasten zu lesen. Und relativ humorlos kommt sogar eine harmlose Straßenverkehrsordnung daher, wenn es in einem ihrer ersten Paragrafen heißt: „Wer am Verkehr teilnimmt, hat sich so zu verhalten, dass ..." Das Zusammenleben von Menschen funktioniert offenbar nur so, dass vieles nicht dem persönlichen Ermessen überlassen werden kann oder der Frage, ob ich gerade dazu Lust habe, sondern dass es schlicht *eingefordert* werden muss. Befehlsform, Imperativ. Um mit einem ehemaligen Bundeskanzler zu sprechen: „Basta!" So weit, so gut.

Doch nun ist uns bereits aufgefallen, dass die den Geboten vorausgehende Präambel selbst nicht in der Befehls-, sondern in der sogenannten Aussageform (Indikativ) steht. Diese Vorordnung des Indikativs vor dem Imperativ ist eine Besonderheit, die für die gesamte theologische Grammatik der Bibel kennzeichnend ist. Bevor es dort nämlich um irgendein menschliches *Sollen* (Imperativ) geht, geht es grundsätzlich zunächst einmal um das Feststellen dessen, was von Gott her bereits *ist* (Indikativ). Erst mit Blick auf das, was *Gott* tut und bereits getan hat, nimmt die Bibel das in den Blick, was nun vom *Menschen* her zu tun und zu lassen ist. Der Apostel Paulus zum Beispiel hat nach diesem theologischen Grundmuster ganze Briefe konzipiert. Es kann gut sein, dass der Dekalog mit seiner vorangestellten Präambel dabei Pate gestanden hat. Und der Theologe Karl Barth hat dieser Grammatik mit seiner berühmten Formel „Evangelium und Gesetz" (statt „Gesetz und Evangelium") Rechnung getragen.

Die Wichtigkeit dieser Vorordnung des Indikativs vor dem Imperativ kann man sich leicht an zwei einfachen Gedankenspielen klarmachen. Nehmen wir zum Ersten einmal an, jene indikativische Präambel gäbe es gar nicht. Die übrig bleibenden Zehn Gebote könnten dann leicht als ein bloßer Moralkodex missverstanden werden, als angeblich ehernes Sittengesetz oder nur als „Quintessenz des Menschenanstandes", um mit Thomas Mann zu reden. Das hätte am Ende womöglich das Gegenteil dessen zur Folge, was eigentlich beabsichtigt ist. „Keiner tut gern tun, was er tun darf – was verboten ist, das macht uns grade scharf", singt Wolf Biermann. Wo er recht hat, hat er recht.

Oder nehmen wir zum Zweiten einmal an, es verhielte sich mit der biblischen Grammatik genau umgekehrt, also so, dass der Indikativ (Gottes Tun) dem Imperativ (Tun des Menschen) nachfolgte. Das hieße dann ja, dass Gottes Tun eine Art „Quittung" – sei's Lohn, sei's Strafe – für unser Tun wäre. Nach dem Motto des bekannten Karnevalschlagers: „Wir kommen alle, alle, alle in den Himmel, weil wir so brav sind." Und leider ist das Befolgen der Gebote auch in der Christenheit häufig genau so missverstanden worden: als eine moralische Leistung, um Gottes Gunst zu erwerben. „Lieber Gott, mach mich fromm, dass ich in den Himmel komm." Frömmigkeit als religiöses Geschäft. So kann man bereits in kleine Kinderherzen gefährliche Irrlehren einpflanzen.

An der Präambel wird indes sehr anschaulich, dass die Botschaft der Bibel eine andere ist. Zuerst wird daran erinnert, was *Gott* getan hat. Dann erst geht es – eben in den folgenden Geboten – um das, was vom *Menschen* um Gottes willen zu tun ist. Damit bekommen die Gebote selbst noch einmal einen anderen Charakter als den einer bloßen Forderung. Wissenschaftler, die der alttestamentlichen Ursprache mächtig sind, weisen gerne darauf hin, dass der hebräische Imperativ nicht nur mit „du sollst“, sondern auch mit „du wirst“, „du kannst“, ja womöglich sogar mit „du darfst“ wiedergegeben werden kann. Das würde bedeuten, dass in allen Imperativen der Zehn Gebote gerade keine neue, sozusagen „moralische Knechtschaft“ errichtet wird, sondern dass in ihnen vor allem eine große *Verheißung* beschlossen liegt: Da, wo du den Weisungen dieses befreienden Gottes folgst, „wirst“, „kannst“, ja „darfst“ du seiner Befreiung in deinem Leben und in deiner Welt Raum geben. Kein Wunder, wenn es in der Bibel immer wieder heißt, dass Menschen „Freude“ (Psalm 119, 47), ja sogar „Lust am Gesetz des Herrn“ (Psalm 1, 2) haben. Der Heidelberger Katechismus spricht in diesem Zusammenhang von „Lust und Liebe, nach dem Willen Gottes in allen guten Werken zu leben“ (Frage 90). Das ist zunächst einmal ein völlig anderer Grundton als der, mit dem man ganzen Generationen die Zehn Gebote mit verbiesterter, moralinsaurer, gar drohender Freudlosigkeit eingetrichtert hat.

Dieser Verheißungscharakter der Gebote darf nun allerdings nicht mit einer willkürlichen *Beliebigkeit* verwechselt werden. Etwa nach der Weise: Du kannst zum Beispiel dem Gebot, nicht zu töten, Folge leisten, du kannst es aber ebenso gut bleiben lassen. Das „du kannst“ hebt das „du sollst“ nicht auf. Schön wäre es sicher, wenn immer alles, was um Gottes willen zu tun und zu lassen ist, gewissermaßen von selbst geschieht. Tut es aber bekanntlich nicht. Manchmal müssen wir zu dem, was für uns und andere gut ist, eigens aufgefordert werden. Das bleibende „du sollst“ verdunstet nicht einfach in dem „du kannst“ oder „du wirst“. Vielmehr erinnert es uns daran, dass es in den Geboten Gottes auch um eine *Verbindlichkeit* geht, der wir uns nach Gottes Willen nicht einfach entziehen können. Ja, es kann durchaus sein, dass das gewissenhafte Befolgen der Gebote uns manchmal hart ankommen mag. Das ändert aber nichts an jener verheißenen Freiheit, die es mit den Geboten zu bewähren und zu bewahren gilt.

Beim Vorwort der Zehn Gebote haben wir es mit einer Präambel zu tun, die es wahrhaftig in sich hat. Sie macht unmissverständlich deutlich, dass es bei den Geboten nicht um repressive Gesetzlichkeit, sondern – mit Worten des tschechischen Theologen Jan Milič Lochman – um eine „Wegweisung der Freiheit" geht. Deshalb werden wir gut daran tun, wenn wir im Folgenden genau diese Leitfrage mitschwingen lassen: Wovon befreien die Gebote überhaupt? Wovon befreit etwa ein „Du sollst keine anderen Götter haben neben mir" oder ein „Du sollst deinen Vater und deine Mutter ehren" oder ein „Du sollst kein falsch Zeugnis reden wider deinen Nächsten"? Und es könnte sein, dass wir unter dieser Leitfrage auch mit manch einem Missverständnis oder Vorurteil, ja vielleicht sogar mit manch einer Irrlehre aufräumen müssen. Aber auch ein bloßes Aufräumen, das weiß ich von meinem Schreibtisch, kann manchmal schon etwas Befreiendes an sich haben.

III. „KEINE ANDEREN GÖTTER HABEN“

Kompromissloser Ruf in die Freiheit

1. Fragen, die nicht am Schreibtisch entstehen

Steil und keinen Widerspruch duldend, tritt uns gleich nach der Präambel das erste Gebot entgegen: „Du sollst keine anderen Götter haben neben mir.“ Man hat den Eindruck, dass es kein Zufall ist, dass ausgerechnet dieses Gebot vornean steht. Schon sein ganzer Tonfall verrät, dass es nicht nur das zahlenmäßig erste, sondern seiner Bedeutung nach auch das *wichtigste* Gebot ist. Dass von ihm – ähnlich wie von der vorausgegangenen Präambel – eine gewisse Strahlkraft auf alle anderen Gebote ausgeht. Das muss wohl auch Martin Luther so gesehen haben, wenn er in seinem Kleinen Katechismus die kurze Erläuterung des ersten Gebots, nämlich dass wir „Gott über alle Dinge fürchten, lieben und vertrauen“ sollen, bei jeder einzelnen Erläuterung der folgenden Gebote noch einmal wiederholt. Doch im Ernst: „keine anderen Götter haben“ – gibt es da nichts Wichtigeres? Und was ist mit den vielen Fragen, die – etwa in Zeiten des religiösen Pluralismus – sogleich über einen herfallen? Was ist mit so etwas wie Toleranz? Was mit der „eigenen Façon“, nach der „jeder selig werden soll“? Was mit der gerade wieder aufkeimenden harschen Kritik am sogenannten „Monotheismus“? Fragen, die allerdings nicht nur am Schreibtisch entstehen.

In der Schule „mit überdurchschnittlich hohem Ausländeranteil“ soll der jährlichen Entlassfeier ein ökumenischer Schulgottesdienst vorausgehen. Eine junge engagierte Lehrerin empfindet das als „Diskriminierung der muslimischen Schüler“. Ihr Vorschlag: Ob man nicht einmal einen interreligiösen Schulgottesdienst halten könne. Beim bald zustande kommenden Round Table mit evangelischen, katholischen und muslimischen Lehrern und Schülern zeigt sich, dass allein die Wortwahl Probleme macht. Worum soll es gehen? Um einen „Gottesdienst“, also eine Versammlung im Namen Jesu? Da sträuben sich die protestantischen Haare, weil Etikettenschwindel droht. Oder um eine „Messe“? Da ist die katholische Seite mit ihrer eucharistischen Definitionshoheit vor. Oder einfach nur um ein „Gebet“, wie es die muslimische Seite in Anlehnung an ihr Freitagsgebet vorschlägt? Auch hier sperrt sich etwas. Beten wir denn alle zu demselben Gott? In Ermangelung einer besseren Idee einigt man sich schließlich auf „interreligiöse Entlassfeier“. Etwas holperig zwar, aber besser als gar nichts. In der Feier selbst sollen die Ängste und Hoffnungen der Schülerinnen und Schüler zur Sprache kommen. Die Frage nach einem gemeinsamen Gebet wird so gelöst, dass zunächst ein muslimischer Schüler das Allahu akbar spricht, danach die christlichen Schüler gemeinsam das Vaterunser. Wenn schon nicht miteinander, so doch wenigstens nebeneinander beten. „Keine anderen Götter haben neben mir“?

In dem Gespräch mit dem jungen heiratswilligen Paar ist das meiste geklärt. Nach den üblichen Erkundungen im Hinblick auf Wohnung, berufliche Perspektiven, Urlaubspläne und verschiedene Interessen ist nun der Traugottesdienst selbst an der Reihe. Termin, Trauzeugen, Texte, Lieder, Fürbitten, Musik, Altarschmuck, Einmarsch, Empfang mit Prosecco vor dem Kirchenportal. Anschließend Hochzeitsessen in den Rheinterrassen, „wozu Sie natürlich auch ganz herzlich eingeladen sind". Beim Eintrag in die vorgesehenen Formulare stellt sich heraus, dass beide verschiedenen Konfessionen zugehören. Ob das ein Problem für sie darstelle? Nein, das sei völlig egal. „Wir glauben doch alle an einen Gott", kommt es wie aus der Pistole geschossen. Toleranz oder Gleichgültigkeit? Man weiß es nicht so richtig. Da fällt der Braut noch etwas ein. Ob ihre vierjährige Tochter wohl beim Ausgang die Blumen streuen dürfe. Selbstverständlich. Sie solle sich nur mit der Küsterin verständigen. Wegen des Teppichs. Aber wo sie das gerade anspreche, eine ganz andere Frage. Aus den Unterlagen sei zu ersehen, dass ihre Tochter noch gar nicht getauft sei. Ob man nicht die Gelegenheit nutzen solle, um das nachzuholen? „Nein, das soll unsere Tochter später einmal selbst entscheiden. Wissen Sie, es gibt da ja heutzutage so viele spirituelle Möglichkeiten. Was sollen wir ihr da Vorschriften machen?" Herzliche Verabschiedung an der Tür des Pfarrhauses. „Keine anderen Götter haben neben mir"?

Ralf gehört zu denen, die sich gerne für das, wovon sie überzeugt sind, mit Eifer ins Zeug legen. Manchmal sogar mit einer gewissen missionarischen Leidenschaft. Wir sitzen in der Kneipe gegenüber und kommen, wie das so ist, auf dieses und jenes zu sprechen. Nun ist Ralf gerade dabei, mir wortreich von einem Buch zu berichten, das er gerade gelesen hat. Der Autor habe darin eine für ihn völlig neue, aber sehr schlüssige These vertreten. Danach sei für die Gewalt in der Welt, man denke nur an terroristische Anschläge, an Folter und Kriege oder in der Vergangenheit an Kreuzzüge, Hexenverbrennungen und Judenpogrome, ursächlich der Monotheismus verantwortlich. Wie bitte? Ja, der wahnwitzige Glaube, es könne nur einen wahren Gott geben, der ja zur Folge habe, dass alle anderen Götter unwahr seien, spalte die Welt automatisch in Freund und Feind, in „wir" und „ihr". Demgegenüber seien polytheistische Religionen wie etwa der Hinduismus, die von vornherein von der Existenz vieler Götter ausgingen, schon im Ansatz friedfertiger. Wer verschiedene Götter und damit eben auch verschiedene Wahrheiten anerkenne, sei von Hause aus toleranter und weniger gewaltbereit. Die Nachfrage, wie man sich denn die gewaltsamen Übergriffe hinduistischer Nationalisten auf muslimische und christliche Minderheiten etwa in Indien zu erklären habe, ficht Ralf in seiner neuen Erkenntnis offenbar nicht an. „Schwarze Schafe gibt es eben überall." Wir bestellen zwei frische Pils.

„Du sollst keine anderen Götter haben neben mir." Einsames Relikt aus längst vergangenen Religionen? Gefährlicher Kern monotheistischer Intoleranz? Oder gerade umgekehrt Ausdruck einer universalen, ja geradezu menschenverbindenden Überzeugung, wonach „wir doch alle an einen Gott glauben"? Sehen wir uns das erste und wichtigste Gebot einmal in Ruhe an.

2. Null Toleranz?

„Keine anderen Götter." Schon hier ist man geneigt zu stutzen. Augenblick mal, hat man uns nicht bereits als Kindern beigebracht, dass es nur *einen* Gott geben könne? Ist nicht in der Bibel selbst immer wieder davon die Rede, dass „*ein* Gott und Vater" sei, „der da ist über allen und durch alle und in allen" (Epheser 4, 6)? Zählt nicht gerade das Christentum neben Judentum und Islam zu den großen monotheistischen Religionen, wie es immer wieder heißt? Und zeigt am Ende nicht schon der gesunde Menschenverstand, dass ein halbwegs vernünftiger Gottesgedanke eigentlich nur in der Einzahl sinnvoll sein könne? Um den biblischen Text zu verstehen, müssen wir – was noch des Öfteren der Fall sein wird – für einen Moment in die Vergangenheit eintauchen.

Von Beginn an war das Volk Israel stets von den verschiedensten Völkern, Kulturen und Religionen umgeben: Ägyptern, Assyrern, Babyloniern und natürlich den Kanaanäern im eigenen Land. Die „anderen Götter" dieser Kulturen bestanden in der Regel darin, dass Dinge der geschöpflichen Welt, die man aus irgendeinem Grund als mächtig empfand, *vergöttlicht* wurden: Sonne, Mond, Sterne, Tiere, Flüsse, Bäume. Oder auch Herrschaft, Macht, Gewalt, Krieg, Reichtum, Sexualität. In Kanaan zum Beispiel war der religiöse Fruchtbarkeitskult sehr verbreitet. An jeder Ecke standen die Standbilder des Gottes Baal oder der Göttinnen Aschera und Astarte. In rauschenden religiösen Festen wurden Saat und Ernte, Sonne und Regen, die Fruchtbarkeit des Bodens und das Gelingen des Lebens beschworen. Sogar von kultischer Prostitution wird uns berichtet. Insgesamt also faszinierende Events, deren Zauber man sich kaum entziehen konnte.

Es ist eine Welt der magischen und dämonischen Mächte, die in ihrer Allgegenwart den einzelnen Menschen eher klein halten und entmündigen. Wenn alles religiös aufgeladen ist, dann ist mein Leben am Ende nichts anderes als ein Spielball solcher undurchschaubaren „Mächte und Gewalten", wie es im Neuen Testament einmal heißt (Kolosser 1, 16). Dem Einzelnen bleibt dann nur noch die schicksalhafte Ergebung in die nun einmal vorhandenen Verhältnisse. *Diesen* „anderen Göttern" gilt die harsche Abgrenzungsrhetorik des ersten Gebots, die sich immer wieder in der Bibel vorfindet. Warum? Weil sie schlicht ein Eigenprodukt von Menschen sind. „Ihre Götzen", so spottet etwa der Psalmist, „sind von Menschenhänden gemacht. Sie haben Mäuler und reden nicht, sie haben Augen und sehen nicht, sie haben Ohren und hören nicht, sie haben Nasen und riechen nicht, sie haben Hände und greifen nicht, Füße haben sie und gehen nicht, und kein Laut kommt aus ihrer Kehle" (Psalm 115, 4-7). Was Luther hier mit „Götzen" übersetzt, lautet im hebräischen Ursprung eigentlich „Nichtse". Der Mensch macht sich zum Sklaven selbst gemachter Nichtigkeiten.

In diese Situation hinein trifft nun das erste Gebot. Das heißt, es geht zunächst wie selbstverständlich davon aus, dass es überhaupt „andere Götter" gibt. Ihr Vorhandensein wird mit dem „du sollst keine anderen Götter haben ..." erst einmal gar nicht infrage gestellt. Das ist überaus bemerkenswert. Die alte und in letzter Zeit wieder neu aufkommende Streitfrage „Monotheismus oder Polytheismus" stellt sich diesem biblischen Text überhaupt nicht. Er geht vielmehr, wie es seiner historischen Situation entspricht, von der faktischen Existenz vieler, eben „anderer Götter" aus. Diese waren für Israel täglich sichtbare und erlebbare Realität. Das Gebot, „keine anderen Götter zu haben", bestreitet also keinesfalls, dass es andere Götter überhaupt *gibt*. Wohl aber bestreitet es das Recht, sie zu *haben*. Das ist etwas anderes. Aber was ist genau mit diesem Haben gemeint?

Aufschlussreich sind ein paar ähnlich klingende Bibelstellen im Umfeld der Zehn Gebote. So wird allein im 2. Buch Mose häufig eindringlich davor gewarnt, anderen Göttern nicht zu „opfern“ (22, 19), ihre Namen nicht „anzurufen“ (23, 13), vor ihnen nicht „niederzufallen“ (34, 14) oder ihnen gar „nachzulaufen (34, 15). Im zweiten Gebot, das inhaltlich eng mit dem ersten zusammenhängt, tauchen die Worte „anbeten“ und „dienen“ auf. Unschwer sind all diese verschiedenen Begriffe als eine Veranschaulichung dessen zu verstehen, was im ersten Gebot mit „haben“ gemeint ist: alles andere als ein bloßes „Fürwahrhalten“, sondern ein bestimmtes *Verhalten*. „Worauf du nun dein Herz hängst und verlässest, das ist eigentlich dein Gott“, hat es Martin Luther in genialer Einfachheit auf den Punkt gebracht. Dem ersten Gebot ist es also offensichtlich egal, ob jemand der *Meinung* ist, dass es nur einen oder mehrere Götter gibt. Es geht ihm nicht um einen theoretischen Monotheismus. Es geht ihm vielmehr um die sehr grundlegende, „existenzielle“ Machtfrage: Wem willst du eigentlich dienen, wer soll Herr in deinem Leben sein? Gott oder irgendwelche anderen Götter?

Nun erklärt sich auch das noch ausstehende *„neben mir“* im ersten Gebot. Gemäß dem hebräischen Urtext müsste es genau genommen „mir ins Angesicht“ heißen, wie der jüdische Gelehrte Martin Buber die beiden Wörter übersetzt hat. Das würde so viel bedeuten wie „mir gegenüber“ oder – wie andere vorschlagen – „an meiner statt“ oder gar „mir zum Nachteil“. Deutlich wird in allen Übersetzungsvarianten, dass es hier um eine in der Tat harte Alternative geht, die keinen Kompromiss duldet. Manchmal gibt es eben kein Sowohl-als-auch, sondern nur ein Entweder-oder. „Niemand kann zwei Herren dienen“, wird Jesus später einmal sagen. „Entweder er wird den einen hassen und den andern lieben, oder er wird an dem einen hängen und den anderen verachten" (Matthäus 6, 24). Bei dem Gegensatz „Gott oder die anderen Götter" geht es also nicht um eine *formale* Alternative, so als stünden sich hier zwei eifersüchtige Nebenbuhler gegenüber, wie man das aus den Götterkämpfen der antiken Mythologien kennt. Ganz zu schweigen von den zahlreichen Wildwestfilmen und mehr noch den vielen üblichen Alltagsrivalitäten, die jeder schon erlebt hat: der oder ich. Wenn es so wäre, würde ja vollends außer Acht gelassen, dass die Gebote nur unter der Botschaft der vorangegangenen Präambel recht zu verstehen sind: Gott ist ein befreiender Gott. Es geht also beim „neben mir" um eine *inhaltliche* Alternative. „Neben dieser Freiheitsmacht kann und soll es keine anderen Götter geben", sagt Frank Crüsemann. Ja, wenn es um die Befreiung des Menschen geht, dann spricht die Bibel in der Tat eine kompromisslose Sprache. Null Toleranz gegenüber Knechtschaft, Unterdrückung und Ausbeutung.

3. Im eigenen Haus aufräumen

Man kann lange darüber debattieren, ob es einen Gott gibt. Oder viele. Oder am Ende gar keinen. Wer von uns – ob Christ oder Atheist – hätte sich nicht schon darüber den Kopf zerbrochen? Denn es wird niemand bestreiten, dass solche Fragen überaus sinnvoll sind. Nicht zuletzt deshalb, weil sie manchmal auch eine gewisse intellektuelle Herausforderung darstellen. Ich weiß nicht, wie viele Abende und Nächte ich in jungen Jahren mit solchen „Grundsatzdiskussionen" verbracht habe. Der seinerzeit auch für Studenten erschwingliche Lambrusco tat dazu nicht selten ein Übriges.

Zu welcher Antwort man bei solchen Debatten auch immer findet, sie haben alle eines gemeinsam, nämlich dass sie eigentlich gar nichts mit meinem Leben zu tun haben. Für die Frage etwa, wie ich mich im Straßenverkehr zu verhalten habe, ist es völlig gleichgültig, ob ich die Existenz eines oder vieler Götter für wahrscheinlich halte. Und einer Mastgans wird es herzlich egal sein, ob sie dereinst einmal von einem Gottgläubigen oder Atheisten verzehrt wird. Die Diskussion „Monotheismus, Polytheismus oder Atheismus“ ist anscheinend eine reine Angelegenheit des Kopfes – ohne wirkliche Relevanz für das Leben.

Wie anders das erste Gebot! „Gott oder die Götter“ ist hier alles andere als eine intellektuelle Denkübung. Es geht ja darum, was von beiden ich *habe*, wem von beidem ich diene, wem von beidem ich nachlaufe, an welchem von beidem – mit Luther zu sprechen – „mein Herz hängt“. Kurz: wem ich einräume, Macht über mich zu gewinnen und also mein Leben entscheidend zu bestimmen. Ja, das erste Gebot verlangt eine kompromisslose Entscheidung – aber nicht für irgendeine weltanschauliche Theorie, sondern für den Gott, der unumstößlich Freiheit gewährt und verheißt. Und gegen alle Mächte, die am Ende nur dazu geeignet sind, den Menschen in neue „Knechtschaften“ zu versklaven. Im ersten Gebot steht nicht Meinung gegen Meinung, sondern von Gott geschenkte Freiheit gegen selbst gewählte Unfreiheit.

In seinem Großen Katechismus hat Martin Luther in überaus kühner Deutung des ersten Gebots solche selbst gewählten Knechtschaften beim Namen genannt: „Es ist mancher, der meint, er habe Gott und alles genug, wenn er Geld und Gut hat, verlässt und brüstet sich darauf so steif und sicher, dass er auf niemand etwas gibt. Siehe, dieser hat auch einen Gott, der heißt Mammon ... Also auch, wer darauf traut und trotzt, dass er große Kunst, Klugheit, Gewalt, Gunst, Freundschaft und Ehre hat, der hat auch einen Gott, aber nicht diesen rechten, einigen Gott." Interessant ist, dass jeder dieser genannten „Götter" für sich genommen erst einmal gar nichts Negatives an sich hat. Wer wollte etwa grundsätzlich etwas gegen Kunst oder Klugheit, Freundschaft oder Ehre sagen? Auch Geld und Gut an sich sind ja nichts Schlechtes. Jeder von uns geht täglich damit gebrauchend um. Entscheidend ist für Luther, ob wir diesen Dingen so viel Bedeutung beimessen, dass sie gewissermaßen zu „Göttern" in unserem Leben werden, die alles beherrschen. Denn „einen Gott haben" heißt für ihn „das, dazu man sich versehen soll alles Guten und Zuflucht haben in allen Nöten". Seine Konsequenz: „dass wir alle Güter, so Gott gibt, brauchen, nicht weiter denn wie ein Schuster seine Nadel, Ahle und Draht braucht zur Arbeit und darnach hinweg legt."

Luthers kühne Ausdeutung dessen, was alles – von Geld bis Ehre – ein „anderer Gott" sein kann, sofern man diesen über sich herrschen lässt, inspiriert geradezu dazu, noch einmal ganz neu und auch kritisch über sein eigenes Leben nachzudenken. Wo in meinem Leben und dann auch in der Welt überhaupt spielen Dinge eine so dominante Rolle, dass sie geradezu zu Tyrannen unseres Lebens werden? Da ist der Markt mit seinen angeblich unumstößlichen Eigengesetzlichkeiten, unter denen nicht wenige leiden – hier bei uns und um vieles mehr noch in Ländern der sogenannten „Dritten Welt". Da sind die Begründungen für Militäreinsätze, die einem – keinen Widerspruch duldend – als „alternativlos" verkauft werden. Da ist die Gier nach mitunter exorbitanten Gehältern, die in keinem nachvollziehbaren Verhältnis mehr zu einem ehrlich erbrachten Arbeitsaufwand stehen. Da ist die nachgerade herrische Ideologie, alles und jedes im Leben müsse vor allem Spaß machen, egal auf wessen Kosten. Da ist der penetrante Zwang, jedwedes Ding auf Teufel komm raus „auch mal positiv“ sehen zu müssen, auch wenn einem zum Heulen zumute ist. Da ist der weitverbreitete Kult um Körper, Gesundheit und Wellness, der nicht selten mit fast religiöser Inbrunst betrieben wird. Da ist die Vergötzung von Leistung und Erfolg, von Einfluss und Macht, von Sexualität, Genuss oder Verzicht. Da ist die merkwürdig voraufklärerische Selbstverständlichkeit, mit der man irgendwelchen kosmischen Konstellationen wegweisenden Einfluss auf die persönliche Lebensgestaltung einzuräumen bereit ist. Da ist das ständige Kreisen um des heilige Ich, um die eigenen Befindlichkeiten, Interessen und Vorteile. Da ist die Angst vor der Meinung anderer, das bange Schielen nach Beliebtheit und Gunst. Die Sucht nach Ruhm oder auch nur nach Aufmerksamkeit, Anerkennung oder wenigstens möglichst vielen „Likes“. Wer einmal Fünfjährigen im Kindergarten dabei zugehört hat, wie sie sich gegenseitig mit ihren neuesten Markenjeans oder Smartphones zu übertrumpfen versuchen, weiß, um welche „anderen Götter“ es heute geht. Ja, der Knechtschaften sind viele. Auch heute noch. Sage keiner, es gebe keine „anderen Götter“ mehr.

Mit unnachgiebiger, aber gerade darin heilsamer Kompromisslosigkeit verkündet das erste Gebot das Ende solcher Tyranneien, indem es ihnen in radikaler Wortwahl das Recht bestreitet, unser Leben zu beherrschen. Interessanterweise ist das Verbot, „anderen Göttern zu dienen“, ursprünglich an das Volk Israel selbst gerichtet. Bevor wir über andere Religionen befinden, hätten wir also in unserem eigenen Haus mit den vielen selbst gewählten Knechtschaften aufzuräumen. Die Frage, ob „wir alle an einen Gott glauben“, entscheidet sich nicht am richtigen

Gesangbuch. Sie entscheidet sich auch nicht daran, ob wir Anhänger irgendeines Monotheismus sind. Sie entscheidet sich daran, ob wir bereit sind, dem Ruf in die Freiheit zu folgen. Und die Verheißung gilt, dass da, wo wir es tun, das „du sollst" in der Tat mehr und mehr den Charakter des „du kannst" und „du wirst" bekommt. Es könnte die Erfahrung sein, dass es schlicht gut, ja *schön* ist, jenem Ruf zu folgen. Auch dann, wenn ein solcher Weg nicht immer ohne Steine ist.

IV. „KEIN BILDNIS MACHEN“

Verzicht, der zur Bereicherung werden kann

1. Zwischen Bildersturm und Bilderflut

„Das sieht hier ja gar nicht wie in einer Kirche aus.“ Der leicht enttäuschte Unterton in der Äußerung der älteren Dame ist nicht zu überhören. „Kein Kreuz, keine Bilder, keine Blumen, keine Kerzen. Wie kann das sein?“ Die enttäuschte Dame gehört zu einer Gruppe interessierter Bürger, die es in dieser „Nacht der offenen Gotteshäuser“ in eine reformierte Kirche verschlagen hat. Irgendwie wirke hier alles so kahl, um nicht zu sagen „kalt“. Das sei sie doch aus ihrer Kirche anders gewohnt.

Pastor Heinen, dem es an diesem Abend obliegt, „seine“ Kirche den Besuchern ein wenig vorzustellen, greift mit routinierter Menschenfreundlichkeit weiteren kritischen Äußerungen vor. „Das haben Sie in der Tat ganz richtig wahrgenommen. Hier ist manches anders als in anderen Kirchen. Das hängt damit zusammen, dass es im reformierten Gottesdienst zentral um die Verkündigung des Wortes Gottes geht. Sie erkennen das zum Beispiel an der aufgeschlagenen Bibel auf dem Abendmahlstisch, dem einzigen, wenn man so will, sichtbaren Symbol in diesem Raum. Alles andere – Kreuze, Bilder, Kerzen usw. –

empfinden wir Reformierten nur als störendes Beiwerk, das vom Eigentlichen ablenkt. Das hängt übrigens, wie Sie vielleicht wissen, mit dem biblischen Bilderverbot zusammen."

Bilderverbot? Ein jüngerer Mann mischt sich in die Ausführungen des reformierten Pastors ein. Bilderverbot – das erinnere ihn an die merkwürdige Maßnahme, die kürzlich in dem Kindergarten seiner kleinen Tochter durchgeführt worden sei. Im Anschluss an das jährliche Gruppenfoto habe die Leiterin von allen Eltern eine Genehmigung für die Veröffentlichung des Bildes im Schaukasten eingeholt. Wo keine Genehmigung erteilt worden sei, habe es eben einen schwarzen Balken über den Augen der Kinder gegeben. „Vielleicht haben Sie da gar nicht so unrecht", greift nun wieder Pastor Heinen das Gesagte auf, sichtlich froh über diese unverhoffte Aktualisierung eines leicht angestaubten Themas aus der theologischen Klamottenkiste. „Du sollst dir kein Bildnis machen", heiße es ja bekanntlich bereits in den Zehn Geboten. Man wundere sich manchmal direkt, wie modern solche alten Worte im Grunde seien. Ziemlich spannend das Ganze, könne er nur sagen.

Nichts gegen eine auch einmal spannende, weil aktuelle Fragen berührende Kirchenführung. Aber Pastor Heinen hätte bei dieser Gelegenheit durchaus auch von interessanten *historischen* Vorgängen erzählen können. Etwa von dem berühmten sogenannten Bildersturm während der Reformationszeit. Sich vorgeblich auf die reformatorische Lehre, dass „allein die Schrift" Grund und Maß des Glaubens sei, berufend, tatsächlich aber wohl mehr von einer grundsätzlichen antirömischen Abneigung getrieben, kam es seinerzeit in vielen Dörfern und Städten Europas zu wüsten Kirchenschändungen. Altarbilder, Heiligenfiguren und Kirchenfenster mit biblischen Motiven, mitunter auch Orgeln oder bloßes Raumschmuckwerk – Tausende Kunstwerke landeten unter den Äxten einer fanatisierten Menge oder gingen gleich in Flammen auf. Anderes wurde „nur" beschlagnahmt, gelegentlich an die privaten Stifter zurückgegeben, mitunter aber auch einfach für gutes Geld verkauft. Vorgänge, die einen schaudernd an die gewaltsame Sprengung der Buddha-Statue von Bamiyan durch die Taliban zu Beginn unseres Jahrhunderts erinnern. Dass es überwiegend die Reformierten waren, vornehmlich die der Schweiz, die die Speerspitze jener Bilderstürme bildeten, ist wohl für eine reformierte Kirchenführung ein wenig zu peinlich.

Dabei hat es in der Geschichte der Christenheit von Beginn an immer wieder heftige Auseinandersetzungen um die Frage gegeben, ob Bilder einen legitimen Platz im Glauben beanspruchen können oder nicht. Die Befürworter brachten meist folgende Argumente vor: Erstens könnten Bilder für Menschen, die des Lesens und Schreibens unkundig sind, eine sinnvolle Form der Verkündigung darstellen. Man hat deshalb die vielen frommen Malereien in den Kirchen zur Zeit des Mittelalters auch gerne die „Bibel der Armen" (biblia pauperum) genannt. Zweitens gilt die Verehrung etwa eines Christusbildes ja gar nicht der Abbildung, sondern Christus selbst. Das Bild habe also nie eine eigene göttliche Qualität, sondern verweise lediglich auf einen anderen. Und drittens hat sich ja Gott selbst in der Menschwerdung Christi in die Sichtbarkeit alles Irdischen hineinbegeben. Ja, sei nicht bereits in der Schöpfungsgeschichte von einem Bild Gottes die Rede, nämlich vom Menschen, der zu Gottes „Ebenbild" erschaffen worden sei?

Die Kritiker religiöser Bilder ihrerseits warteten mit nicht minder gewichtigen Argumenten auf. Ihr wichtigstes: Gott selbst verbiete in den Zehn Geboten jegliche Bildermacherei. Auch sei die Bibel bekanntlich kein Bilderbuch, sondern ein Buch des Wortes. Zudem müsse sich das Christentum von den heidnischen Religionen, in denen ja bildhafte und figürliche Darstellungen der Götter gang und gäbe seien, deutlich unterscheiden und abgrenzen. Schließlich widersprächen die schier überbordenden religiösen Ausschmückungen etwa in den Kirchen des späten Mittelalters dem grundsätzlich doch eher zu Demut und Bescheidenheit verpflichteten christlichen Glauben. Luther, dessen Lehren mit zum Bildersturm beigetragen hatten, hatte gegen die Bilder in den Kirchen grundsätzlich gar nichts einzuwenden. Sein Problem war vielmehr, dass die Bilder, vor allem die der Heiligen, zu einer Bilder*verehrung* verleiten könnten, die – ähnlich dem Ablasshandel, den Wallfahrten oder dem Reliquienkult – zu einer Werkgerechtigkeit geraten könne, die bekanntlich vor Gott nichts gelte, ja, ganz im Gegenteil sich gegen ihn versündige. – Hüben wie drüben also starker theologischer Tobak.

Neben solchen sicher nicht uninteressanten historischen Hinweisen hätte Pastor Heinen aber bei der Gelegenheit noch auf ein ganz anderes Problem aufmerksam machen können. Denn die Frage, welche Rolle Bilder für den Glauben tatsächlich spielen oder auch nicht spielen sollten, wird dadurch noch komplizierter, dass wir das Wort „Bild" oft auch in einem übertragenen Sinne gebrauchen. So sprechen wir zum Beispiel von einem „Weltbild", von einem „Menschenbild", einem „Frauen"- oder „Männerbild". Das Wort „Bild" bezeichnet in diesem Zusammenhang einfach nur unsere *Vorstellung*, die wir etwa von der Welt, vom Menschen, von Frau oder Mann haben. Dass wir diese gerne in ein *Bild* fassen, hängt wohl damit zusammen, dass wir überhaupt in der Regel in Bildern denken. Die Probe aufs Exempel kann jeder machen. Ganz gleich, woran wir denken – ob an den letzten Urlaub auf Borkum oder an die Wäsche, die heute noch in die Maschine muss –, meist läuft sofort ein entsprechender Film in unserem Kopf ab.

So ist es nicht verwunderlich, dass Menschen zu allen Zeiten auch ihre Vorstellungen von Gott in Bilder gefasst haben, selbst wenn sie diese nicht immer gleich aufgemalt haben. Auch die Bibel ist voller bildhafter Vorstellungen von Gott. So spricht sie zum Beispiel von ihm als „Vater“ oder „Mutter“, „Hirte“ oder „Richter“, „Arzt“ oder „König“, aber auch als „Burg“, „Fels“, „Schild“, „Quelle“ oder „Licht“, um nur einige solcher Bildworte zu nennen. Auch werden gelegentlich einzelne Eigenschaften oder Tätigkeiten Gottes im Bild eines menschlichen Organs beschrieben. So lesen wir unter anderem von Gottes „Augen“, von seinem „Ohr“, seinem „Mund“ oder auch seinem „Arm“. Ein Vorgang, den die Wissenschaftler „Anthropomorphismus“ nennen, also eine Art vermenschlichte Rede von Gott. Was aber jetzt schon auffällt: Das Bild „alter Mann mit Bart“ finden wir nicht unter diesen biblischen Anthropomorphismen.

Ohne Pastor Heinen bei seinen interessanten Ausführungen zur Aktualität des Bilderverbots zu nahe treten zu wollen – hätte er bei dieser Gelegenheit nicht auch noch auf ein weiteres, mehr als aktuelles Problem hinweisen können? Es geht um ein kulturelles Phänomen, das uns seit einigen Jahren wie ein Tsunami zu überschwemmen scheint: die sogenannte Bilderflut. Unsere Straßen, Häuserwände und U-Bahnhöfe sind zugepflastert mit lachenden Gesichtern und Stränden voller Palmen. An jedem Kiosk begegnen uns Tausende von strahlenden oder zu Tränen rührenden Schlagersängerinnen und Königskindern. Viele Tageszeitungen entwickeln seit Jahren ihr Layout radikal zugunsten von „mehr Foto statt Text“ weiter. Das Fernsehen sendet rund um die Uhr auf Hunderten von Kanälen Filme von Menschen, Tieren, Katastrophen oder Brillant Colliers. Vom Internet mit seinen Galaxien an Bildern ganz zu schweigen. Allenthalben regiert das scheinbar unhinterfragbare Dogma, wonach angeblich „ein Bild mehr als tausend Worte“ sagt.

Pastor Heinen hätte dabei auch darauf aufmerksam machen können, dass diese neue Bilderflut allerdings auch ihre Schattenseiten haben kann. Denn wer Bilder im Übermaß konsumiert, verlernt möglicherweise andere wichtige soziale und individuelle Kompetenzen, etwa Hören und Reden, Nachdenken und Argumentieren oder auch nur das fantasievolle Entwickeln eigener Bilder. Womöglich trübt die Bilderflut auch die eigene Wahrnehmungsfähigkeit ein, überhaupt noch zwischen virtueller und tatsächlicher Realität unterscheiden zu können. So wurde etwa – ein harmloses, aber anschauliches Beispiel – der Schauspieler Klausjürgen Wussow, der in der Fernsehserie „Schwarzwaldklinik“ den Chefarzt spielte, in der Öffentlichkeit ständig mit „Herr Professor Brinkmann“ angesprochen. Die Macht des Bildes. Sie kann allerdings auch ganz und gar nicht harmlose Auswirkungen haben, wenn wir etwa an bestimmte Fotos aus Kriegsgebieten denken, die von den kriegsführenden Parteien nicht selten zu eigenen Propagandazwecken manipuliert werden.

So löst allein das Stichwort „Bilderverbot“ eine Fülle von Assoziationen, Fragen und auch Problemanzeigen aus – von den Bilderstürmen der Vergangenheit bis hin zu den Bilderfluten der Gegenwart. Höchste Zeit, danach zu sehen, was das biblische Gebot „Du sollst dir kein Bildnis machen“ von *sich* aus sagen will.

2. Kein harmloses Kulturscharmützel

Fangen wir gleich mit dem das Gebot beherrschenden Begriff des „*Bildnisses*“ an. In der hebräischen Ursprache bedeutet er so viel wie „Kultstatue“. Es geht hier also weder um ein Verbot von bildender Kunst an sich noch um die Problematisierung von den Gottesbildern, die wir im Kopf haben oder in unserer Sprache vorfinden. Es geht vielmehr um einen überaus handgreiflichen Gegenstand, der ausschließlich zu religiösen Zwecken angefertigt wird. So wie das etwa bei dem Propheten Jesaja anschaulich beschrieben wird: „Der Meister gießt ein Bild und der Goldschmied vergoldet's und macht silberne Ketten daran. Wer aber zu arm ist für eine solche Gabe, der wählt ein Holz, das nicht fault, und sucht einen klugen Meister dazu, ein Bild zu fertigen, das nicht wackelt“ (Jesaja 40, 19). Solche selbst gefertigten Kultstatuen waren in der religiösen Umgebung des Volkes Israel, allen voran in Kanaan, überaus verbreitet. Die allgemeine Vorstellung war, dass in solchen figürlichen Darstellungen eines Gottes diese Gottheit selbst unmittelbar präsent war. Wer diese Statuen verehrte, verehrte die Gottheit. Wer sie missachtete, missachtete die Gottheit.

Da sich – etwa in Babylonien, Ägypten oder später auch in Rom – die politischen Herrschaften nicht selten gottgleiche Autorität anmaßten, stellten die vielen Götterstatuen meist gleichzeitig ein Netz staatlicher Kontrolle und Repression dar. Vergleichbar der Geschichte um den berühmten Geßler-Hut, die Friedrich Schiller in seinem Drama „Wilhelm Tell“ so eindrücklich in Szene gesetzt hat. Danach ließ der Reichsvogt Hermann Geßler einen Hut aufstellen, den jeder Vorbeiziehende ehrerbietig zu grüßen hatte, so als habe er den Reichsvogt selbst vor sich. Ein ähnlicher – fast möchte man sagen: gespenstischer – Vorgang spielte sich während der Zeit des Nationalsozialismus ab. In einem Gartenlokal hatten es zwei katholische Geistliche versäumt, dem ebenfalls dort anwesenden Reichsmarschall Hermann Göring Beachtung zu schenken. Noch am selben Abend landeten beide im Konzentrationslager, wo sie fortan eine aufgepflanzte Uniformmütze, die den Reichsmarschall repräsentieren sollte, mit dem „Deutschen Gruß" zu grüßen hatten.

Zurück zum biblischen Text. Sein Bildmaterial bezieht das Bilderverbot aus dem Bereich des *Kreatürlichen*, entsprechend dem dreistöckigen Weltbild der damaligen Zeit: „Du sollst dir kein Bildnis noch irgendein Gleichnis machen, weder von dem, was oben im Himmel, noch von dem, was unten auf Erden, noch von dem, was im Wasser unter der Erde ist." Der Abbildung („Gleichnis") von Gestirnen, Tieren oder politischen Herrschern, in denen man die Gottheit präsent glaubte, gilt nun die harsche Absage: „Bete sie nicht an und diene ihnen nicht!"

Dass das Volk Israel in dieser Hinsicht selbst überaus versuchlich war, ist mehrfach bezeugt. Am eindrücklichsten wohl in der berühmten Geschichte vom Goldenen Kalb (2. Mose 32). Sie spielt zur Zeit der Wüstenwanderung. Während Mose in der Einsamkeit von Gott die Gebote empfängt und dabei längere Zeit ausbleibt, kommen im Volk Zweifel daran auf, ob es mit der Befreiung aus Ägypten so seine Richtigkeit hatte. Man verlangt von Aaron, Moses Bruder, eine sichtbare Kultstatue: „Auf, mache uns Götter, die vor uns hergehen!" Aaron lässt daraufhin alle im Volk befindlichen goldenen Ohrringe zusammentragen und formt daraus ein gegossenes Kalb. Man will etwas Sicht- und Fassbares als Gott. Und dann am besten auch gleich etwas, das im Bild eines (Stier-)Kalbs für sexuelle Potenz, für Kraft und Macht steht. Ein Gott der Befreiung, von dem man „nur" eine Verheißung hat und der von den Seinen „nur" Vertrauen erwartet, ein solcher Gott reicht offenbar nicht mehr. Das ist das eigentliche Vergehen, gegen das sich das Bilderverbot zur Wehr setzt.

Insofern steht es in enger inhaltlicher Nachbarschaft zum ersten Gebot, wonach wir „keine anderen Götter neben mir" haben sollen. Die katholische Auslegungstradition, der auch Luther folgt, sieht deshalb im zweiten Gebot nicht mehr als eine reine Wiederholung des ersten. Weshalb das Bilderverbot in den entsprechenden Katechismen jeweils dem ersten zugeordnet wird beziehungsweise in seiner Auslegung ganz unter den Tisch fällt. Das „mathematische" Problem, das sich daraus ergibt, nämlich nun nicht mehr auf die vorgesehene Zahl Zehn zu kommen, wird dann so gelöst, dass später das letzte Gebot („nicht begehren") auf zwei verschiedene Inhalte aufgeteilt wird, auf die wir noch zu sprechen kommen. Man kann das so sehen.

Man kann es aber durchaus auch anders sehen. Nämlich so, dass es im Bilderverbot neben aller Nachbarschaft oder gar Ähnlichkeit zum ersten Gebot doch noch um etwas anderes, etwas Eigenes geht, was so aus dem ersten Gebot nicht zu ersehen ist. Es ist nämlich inzwischen historisch erwiesen, dass es in der Frühzeit Israels nicht nur figürliche Darstellungen *anderer* Götter, sondern auch des *eigenen*, also des Gottes Israels, gegeben hat. Danach würde das Bilderverbot nicht noch einmal fremde Götter abwehren, sondern sich dagegen wenden, Gott selbst bildhaft darzustellen. Diesen Deutungsweg gehen die orthodoxen, die anglikanischen und vor allem die reformierten Auslegungstraditionen. Sie haben zudem ein formales Argument auf ihrer Seite. Man kann nämlich fragen, wenn das Bilderverbot im Kern nichts Neues sagt, warum das nicht schon dem Aufschreiber der Zehn Gebote aufgefallen sein soll. Es wäre doch ein Leichtes gewesen, beide Texte zu einem zusammenzubinden. Doch das Bilderverbot hat eine durchaus eigene Botschaft. Sie lautet schlicht: Gott ist nicht bildhaft darzustellen, weil er nicht zu sehen, sondern nur zu *hören* ist. Wenn er sich den Menschen mitteilt, dann tut er es in seinem *Wort*.

Diese Kernaussage des Bilderverbots ist durch einen breiten Strom biblischer Aussagen eindrucksvoll abgedeckt. Von Beginn an wird Gott als ein *Redender* beschrieben. „Und Gott sprach ... und es geschah also“ – so zieht es sich bereits in geradezu stampfender Monotonie durch die Schöpfungsgeschichte hindurch. Sein Wort ist eben mehr als „nur ein Wort“. Es hat vielmehr wirkungsmächtige Gewalt, „denn wenn er spricht, so geschieht's; wenn er gebietet, so steht's da“ (Psalm 33, 9). Nicht ohne Grund heißt es deshalb im Neuen Testament programmatisch: „Im Anfang war das Wort“ (Johannes 1, 1). Deshalb preist Jesus die „selig“, „die das Wort Gottes hören und bewahren“ (Lukas 11, 28), beziehungsweise die, „die nicht sehen und doch glauben“ (Johannes 20, 29). Fazit: „Es ist aber der Glaube eine feste Zuversicht dessen, was man hofft, und ein Nichtzweifeln an dem, was man nicht sieht“ (Hebräer 11, 1). Niemand wird behaupten, dass das immer einfach ist. Davon wissen bereits manche biblischen Zeugen ein leidvolles Lied zu klagen: von Mose bis Hiob, von manch einem Psalmbeter oder Propheten bis hin zu den Jüngern Jesu.

Dass es sich beim Bilderverbot also keineswegs um ein letztlich belangloses kulturelles Scharmützel handelt, wird durch den zunächst sehr befremdlich wirkenden Zusatz unterstrichen: „Denn ich, der Herr, dein Gott, bin ein eifernder Gott, der die

Missetat der Väter heimsucht bis ins dritte und vierte Glied an den Kindern derer, die mich hassen, aber Barmherzigkeit erweist an vielen Tausenden, die mich lieben und meine Gebote halten." Das hebräische Wort, das Luther mit „eifernd" übersetzt, meint mehr die *Leidenschaftlichkeit* Gottes – für sein Volk, für seine Schöpfung. Ihm ist es nicht egal, wie seine Menschen leben und sich verhalten. Insofern lässt er auch das unter ihnen geschehene Unrecht nicht einfach auf sich beruhen, sondern geht ihm nach („sucht" es „heim"). Und dass gerade menschliche Untaten ihre unguten Folgen noch weit in die folgenden Generationen („bis ins dritte und vierte Glied") hinein haben können, ist eine bedrückende Tatsache – nicht nur für Kinder und Enkel der Nachkriegszeit.

Und doch ist das nicht das letzte Wort in dieser Sache. Das lautet vielmehr „Barmherzigkeit". Barmherzigkeit „an vielen Tausenden ...". Es will einem fast wie eine Art Überholung der vorausgehenden „Heimsuchung" erscheinen. So wie das auch an anderen Stellen der Bibel geschildert wird. „Ich habe mein Angesicht im Augenblick des Zorns ein wenig vor dir verborgen, aber mit ewiger Gnade will ich mich deiner erbarmen", heißt es beispielsweise beim Propheten Jesaja (Jesaja 54, 8). Gott selbst überbietet sozusagen seinen eigenen „berechtigten" Zorn durch sein Erbarmen. Er nimmt das Unrecht nicht hin – wie befreiend ist allein das angesichts der vielen Vertuschungsversuche, die wir nur zu gut kennen. Aber – und das ist das Größere – am Ende soll etwas anderes regieren: seine „ewige Gnade". Was für ein Schlusswort! Das Vorzeichen vor der Klammer – wir erinnern uns – tut einmal mehr seine befreiende Wirkung.

3. Theologische, soziale und kulturelle Botschaften

Wer Gott ist, kann Gott nur selbst sagen. So haben wir es uns bereits an der Selbstvorstellung Gottes in der Präambel klargemacht. Aber schon mit dieser einfachen Feststellung begeben wir uns in einen überaus brisanten Konflikt, der im Bilderverbot anschaulich ausgetragen wird. Dabei ist mir noch das Gesicht einer geradezu beleidigt dreinblickenden Dame vor Augen. Wir hatten in einem Gemeindekreis über einen Text gesprochen, in dem von Gott nicht einfach als einem „lieben" die Rede war. Selbst das böse Wort „Zorn" kam darin vor. Nein, das entspreche nun ganz und gar nicht ihrem Gottesbild, meinte die Dame sichtlich erregt. Sie könne und wolle nur mit einem verzeihenden und gütigen Gott etwas anfangen.

„Das entspricht nicht *meinem* Gottesbild ..." Ja, es mögen die Zeiten figürlicher Gottesdarstellungen der Vergangenheit angehören. Das menschliche Bildermachen von Gott ist indes allem Anschein nach geblieben. „Was Gott ist, bestimme ich", war vor Jahren auf der Titelseite einer psychologischen Fachzeitschrift zu lesen. Genau das aber hatte das Volk Israel in der Wüste getan, indem es ein selbst gegossenes Kalb zu seinem Gott bestimmte. Und zwar zu einem solchen, den man in der Situation der Unsicherheit am dringendsten zu benötigen meinte: einem Gott, der Kraft, Sicherheit und politische Stärke verkörperte. Solch menschengemachten Göttern sagt die Bibel immer wieder den erbitterten Kampf an. Warum? Weil Gott dann gar nicht mehr *Gott,* also der absolut Freie und Souveräne wäre, sondern allenfalls eine Projektion („Bild") dessen, was mir wichtig erscheint. Ein Hampelmann meiner Wünsche. Insofern wäre da, wo man – wie etwa bei den Reformierten – auf bildliche Ausschmückungen eines Kirchenraums verzichtet, dem Bilderverbot womöglich noch gar kein Genüge getan. Es gibt eben, wie wir sahen, auch Bilder im Kopf und im Wort, die den freien und lebendigen Gott ebenso verfehlen können. „Wir erfinden neue Götter und vertrauen ihnen blind", heißt es in einem unserer Gesangbuchlieder (EG 577, 4). Wie wahr. Nein, was Gott ist, bestimme nicht ich – weder mein Bauch noch mein Intellekt, weder mein Elend noch mein Glück, weder mein Feminismus noch mein Chauvinismus, weder mein Kuschelbedürfnis noch meine politische Einstellung. Was Gott ist, kann nur Gott selbst bestimmen.

Wenn wir überhaupt von einem Bild Gottes sprechen, dann nur von dem, das er *selbst* von sich gemacht hat. Im Neuen Testament heißt es: „Jesus Christus ist das Bild des unsichtbaren Gottes" (Kolosser 1, 15). Paulus will wohl damit sagen: Wer etwas von Gott „sehen" will, schaue auf den Gekreuzigten und Auferstandenen. An ihm, Christus, zerbrechen unsere Gottesbilder. Ja, man kann sagen: Die vielen und durchaus sehr verschiedenen biblischen Bildworte von Gott – „Vater", „Mutter", „Hirte", „Richter", „Arzt" oder „König" usw. –, sie alle finden ihre von Gott selbst gestiftete Realisierung in diesem Einen, in Jesus Christus. Insofern sagt das Bilderverbot schlicht und ernst: Lege doch einfach einmal deinen eigenen Pinsel aus der Hand und höre zunächst einmal auf das, was Gott dir in der Geschichte Jesu Christi zu sagen hat. Sicher spielen in unserem Denken und Reden Bilder eine sehr elementare Rolle – eine Binsenweisheit, der die Bibel selbst mannigfach Rechnung trägt. Deshalb kann es im Bilderverbot gar nicht um das Unterlassen einer bestimmten kulturellen Funktion gehen, egal ob Bild oder Skulptur, Bildwort oder theoretischer Gottesgedanke. Es kann nur darum gehen, ob unsere Vorstellungen und insofern auch unser Reden von Gott aus dem Hören auf sein Wort oder aus unserem eigenen Gutdünken gewonnen werden.

Vielleicht sind gerade die abschließenden Worte des Bilderverbots so scharf gefasst, weil sie um die enorme Faszination, ja geradezu *Macht* wissen, die nun einmal von Bildern ausgehen kann. Wie viele Kinder sind nicht durch das Gottesbild eines missmutig dreinblickenden alten Mannes gedemütigt worden? Wie vielen Schlafzimmergenerationen ist nicht mit weich gezeichneten Hirtenbildern ein Gott vorgegaukelt worden, der mit den realen Lebenserfahrungen gar nicht mehr zusammenzubringen war? Insofern hat die reformierte Skepsis allen Gottesbildern gegenüber wahrhaftig auch ihre Berechtigung. Das Bild kann eben eine gefährliche Gewalt ausüben, eine Art definitorische Macht: So, wie du das hier auf diesem Bild siehst, so ist Gott. Aber Gott ist immer größer als jedes – gegenständliche oder gedankliche – Bild, als jede Definition von ihm. Vielleicht ist das auch der Grund für die *vielen* und eben auch im Einzelnen sehr unterschiedlichen Bildworte, die die Bibel für Gott bietet. Gott ist eben nicht nur „Vater", sondern *auch* „Mutter", nicht nur „Hirte", sondern *auch* „Richter". Wir können auch sagen: Das Bilderverbot weist uns darauf hin, dass Gott der *Lebendige* ist, der sich allen einseitigen menschlichen Verfügungen souverän entzieht. Er, der Befreier seines Volkes, bleibt selbst immer der Freie.

Der Schweizer Schriftsteller Max Frisch hat in dem biblischen Bilderverbot zudem noch eine interessante *soziale* Botschaft entdeckt, wenn er schreibt: „Du sollst dir kein Bildnis machen, heißt es, von Gott. Es dürfte auch in diesem Sinne gelten: Gott als das Lebendige in jedem Menschen, das, was nicht erfassbar ist." Insofern sei auch das Bildermachen von *Menschen* eine

„Versündigung". Die Theologin Dorothee Sölle berichtet von einem Studenten, der ihr nach einem Vortrag sagt: „Ich verstehe Sie ja so gut, als Frau müssen Sie ja so denken." Mit unseren vielen Urteilen über andere sind wir rasch dabei, nach unserem eigenen Gutdünken ein Menschenbild anzufertigen, das ebenfalls eine ungute Macht ausübt: Du bist eben so und nicht anders. Punkt. „Wo immer das geschieht", sagt Sölle, „da findet ein Begräbnis statt, das Begräbnis meiner Möglichkeiten." Einmal Klassenclown, immer Klassenclown. Mit Udo Lindenberg gesungen:

> „Ja, der Rahmen war schon fertig,
> und der Rahmen war nicht schlecht,
> jetzt muss nur noch der Mensch reinpassen,
> und den biegen wir uns schon zurecht!"

Das Bilderverbot befreit also auch aus den sozialen „Gräbern" der Vorurteile und Denkschablonen. Wie man sich solch eine Befreiung vorzustellen hat? Max Frisch sagt schlicht: „Wenn wir lieben."

Und wenn es so ist, dass die Bedeutung des biblischen Bilderverbots weit über seinen genuin theologischen Sinn hinausreicht, dann müssen wir am Ende auch noch einmal auf Pastor Heinen zurückkommen. Vielleicht hätte er der über seine „karge" reformierte Kirche so enttäuschten Dame noch etwas offensiver begegnen können. Hätte sie fragen können, ob ein Verzicht auf Bilder und Schmuckwerk nicht manchmal auch eine Wohltat sein kann. Ob es nicht auch etwas Befreiendes an sich hat, wenn nicht alles und jedes von vorne bis hinten mit Bildern zugemüllt ist. Und ob nicht manchmal gerade ein karges Gotteshaus zur Konzentration auf das Wesentliche einlädt.

Hätte vielleicht auch noch einmal auf die verführerische Macht mancher geradezu ikonenhaften Werbefotos hinweisen können, in denen uns dauernde Jugendlichkeit, makellose Schönheit, Kraft, Genuss und Erfolg als unbedingt erstrebenswerte Ziele verkauft werden. Bilder, in denen wenig Platz für menschliche Schwäche, für Gebrechlichkeit, Versagen und Scheitern bleibt. Was als bloße reformierte Marotte erscheint, kann auch als eine heilsame Infragestellung der modernen Tyrannei des Bildes gewertet werden.

Man verfehlt gewiss nicht die Grundintention des biblischen Bilderverbots, wenn man aus ihm nicht nur theologische und soziale, sondern auch einmal *kulturkritische* Botschaften heraushört. Sicher mag es sein, dass in einer Welt schier unendlicher Bilderfluten der Verzicht auf das Bild eher wie ein Fremdkörper erscheint. Doch das Fremde – das wissen wir aus anderen Zusammenhängen – muss nicht immer etwas Bedrohliches, es kann auch eine *Bereicherung* sein.

V. „DEN NAMEN DES HERRN NICHT MISSBRAUCHEN“

Befreiung vom Selbstlob

1. „Sag doch lieber Rhododendron!“

„Turek, du bist ein Teufelskerl. Turek, du bist ein Fußballgott.“ Die Stimme des Radioreporters Herbert Zimmermann scheint sich geradezu zu überschlagen. Soeben hat Toni Turek, der Torhüter der deutschen Fußballnationalmannschaft, einen überaus gefährlichen Ball der Ungarn gehalten. Wir schreiben das Jahr 1954. 4. Juli, Wankdorfstadion Bern. Der Rest ist bekannt, tausendfach zitiert, beschworen, literarisch verarbeitet und schließlich sogar verfilmt: „Das Wunder von Bern“. Womit vorher niemand rechnen konnte: Deutschland wird Weltmeister und versinkt – ein paar Jahre nach Ende des Krieges – im Rausch des „Wir sind wieder wer“.

Doch das „Wunder“ hat ein paar nicht ganz so wunderbare Nachspiele. Während in ganz Deutschland den „Helden von Bern“ zugejubelt wird, erheben sich zum Beispiel kirchlicherseits harsche missbilligende Stimmen. Mit jenem Wort vom „Fußballgott“ habe der Sport eine Grenze überschritten. Schlimm genug schon, einen Menschen mit dem Teufel in Verbindung zu bringen. Der Anspruch, gar ein Gott zu sein, verstoße aber eindeutig gegen das Gebot, den Namen Gottes nicht zu missbrauchen. Da half es dann auch wenig, dass Zimmermann ein paar Minuten nach jener verbalen Grenzüberschreitung bereits abmilderte: „Toni, Toni, du bist Gold wert". Auch nicht, dass der damalige Bundespräsident Theodor Heuss beim späteren Empfang der Nationalmannschaft beschwichtigend anmerkte: „Der Turek soll ein *guter* Spieler bleiben." Das Kind war nun einmal in den Brunnen gefallen. Und Zimmermanns im Eifer des Gefechts gebrüllten und von ihm selbst bitter bereuten Worte kamen vor den Rundfunkrat.

„Du sollst den Namen des Herrn, deines Gottes, nicht missbrauchen." In manchen christlichen Häusern meiner Kindheit war es nicht nur verpönt, sondern geradezu verboten, das Wort „Gott" gedankenlos oder gar in einem fluchenden Sinne in den Mund zu nehmen. Wer ständig „mein Gott" oder „Gott sei Dank" sage, verliere die Ehrfurcht vor dem Namen Gottes, der – so vor allem das Vaterunser – zu „heiligen" sei. Ganz zu schweigen von „Gottverdammich" und anderen gotteslästerlichen Verwünschungen. Erinnerlich ist mir indes, dass ich anlässlich unserer ersten größeren Urlaubsfahrt ins Süddeutsche ständig ein fröhliches „Grüß Gott" vernahm. Bayern und Schwaben ein einziger sündiger Haufen, der permanent gegen göttliches Gebot verstößt?

„Sag doch lieber Rhododendron!" Seit über hundert Jahren gibt es in den Niederlanden eine sogenannte „Antifluchbewegung". Mit Hinweis auf das dritte Gebot kämpft sie unermüdlich nicht nur gegen eine allgemeine Verrohung der Sprache, sondern vor allem gegen jegliche gedankenlose und lästerliche Verwendung des Namens Gottes. Dem gelegentlichen menschlichen Bedürfnis, seiner Wut oder Enttäuschung spontanen Ausdruck zu verleihen, kommt die Bewegung mit alternativen Formulierungsvorschlägen entgegen: „Sag doch lieber Rhododendron!" Auch wird der Schimpfwort-Ersatz „Achthundertachtundachtzig" oder „Ein Bund Möhren" empfohlen. Vor Jahren wurde in der Stadt Staphorst nahe der deutschen Grenze das Fluchen in der Öffentlichkeit vom dortigen von zwei calvinistischen Parteien dominierten Gemeinderat schlicht verboten. Begründung: „Du sollst den Namen des Herrn, deines Gottes, nicht missbrauchen; denn der Herr wird den nicht ungestraft lassen, der seinen Namen missbraucht." Eine jeweilige zivilrechtliche Bestrafung durch die Kommune ließ sich allerdings aus rechtlichen Gründen nicht durchführen.

Doch im Ernst: Kann es sein, dass ein Allerweltsfluch – sagen wir einmal: wir haben uns soeben mit dem Hammer auf den Daumen gehauen – so schlimm ist? Kann es sein, dass der harmlose verbale Ausrutscher eines Fußballreporters oder auch nur der unbeschwerte fröhliche Morgengruß einer schwäbischen Hausfrau – mit Heino gesprochen – gleich „allgemeingültige Werte" infrage stellt? Kann es sein, dass uns das Gebot, den Namen des Herrn nicht zu missbrauchen, allenfalls mit ein paar schrulligen Absonderlichkeiten aus der Klamottenkiste religiöser Eiferer konfrontiert? Und muss man sich da am Ende noch ernsthaft wundern, wenn das Verbot des Namensmissbrauchs in der allgemeinen Bekanntheitsskala der Zehn Gebote mit Abstand den letzten Platz einnimmt? Ja, ist es auch nur annähernd denkbar, dass diesem Gebot ein vergleichbares Gewicht zukommt wie etwa dem Diebstahl- oder Tötungsverbot? Der Heidelberger Katechismus behauptet in diesem Zusammenhang sogar: „Es gibt keine Sünde, die größer ist und Gott heftiger erzürnt, als die Lästerung seines Namens" (Frage 100). Haben wir keine anderen Probleme?

Aber wie so oft, so könnte es auch hier sein, dass etwas, das uns auf den ersten Blick eher absonderlich und letztlich auch entbehrlich erscheint, auf den zweiten und dritten Blick noch etwas anderes, Gewichtigeres birgt. Deshalb darf man gespannt sein, was dieses unscheinbare Gebot von seinem biblischen Ursprung her und also seiner eigenen Intention nach zu sagen hat.

2. „Der Fluch der bösen Tat"

Wir wollen uns zunächst klarmachen, was es mit einem *Namen* auf sich hat. Warum heißt jemand zum Beispiel Sophia oder Alexander, Julia oder Moritz? Für die meisten Eltern, die ja nun einmal für die Namensgebung ihres Kindes verantwortlich sind, spielen rein ästhetische Gründe die Hauptrolle. Julia klingt eben gut, liegt angenehm auf der Zunge und fügt sich geschmeidig dem Nachnamen an. Dass dabei die Geschmäcker durchaus verschieden sein können, liegt auf der Hand. Für frühere Generationen waren allerdings häufig andere Gründe wichtig, beispielsweise das Gedenken an einen im Krieg gefallenen Onkel oder die Erinnerung an eine liebe Großmutter. In noch früheren Zeiten war mit der Namensgebung der Kinder nicht selten auch eine gewisse Botschaft, vielleicht sogar ein erzieherisches Programm verbunden. Jedenfalls liegt die Vermutung nahe, dass dereinst so beliebte Namen wie Edelgard oder Gottlieb noch aus anderen als nur ästhetischen Gründen gewählt wurden.

Damit sind wir schon bei dem – vor allem im Altertum anzutreffenden – Phänomen, dass Namen auch eine besondere *Bedeutung* haben können, mit der man etwas Wichtiges über

Herkunft, Schicksal oder sogar Wesen seines Trägers mitgeteilt bekommt. Auch in der Bibel. So weist eben Magdalena auf den Heimatort der Trägerin hin (Magdala) oder Jakob (hebräisch: der „Fersenhalter“) auf die Tatsache, dass es sich um einen jüngeren Zwilling handelt. Die Namen der ersten Menschen in der Bibel sind geradezu theologisches Programm: Adam bedeutet im Hebräischen schlicht „Mensch“ und Eva – weil Mutter aller Lebenden – „Leben“. Später heißt es zur Begründung zum Beispiel des Namens Abraham (hebräisch: „Vater der Menge“): „Abraham soll dein Name sein; denn ich habe dich gemacht zum Vater vieler Völker“ (1. Mose 17, 5). Dass Namen mehr sind als Schall und Rauch, findet sich häufig in der Antike. So entsprang es sicher auch einer elterlichen Erwartungshaltung, wenn manchen Bauernkindern etwa der Name Georgos (griechisch: „Landarbeiter“) verpasst wurde.

Namen mit einer unmissverständlichen Bedeutung oder gar Programmatik begegnen uns vor allem in der Welt der antiken *Götter*. In ihnen kommt es nicht selten geradezu zu einer Verschmelzung von Name und Sachverhalt. So heißt die griechische Siegesgöttin Nike (griechisch: „Sieg“) oder der römische Liebesgott Amor (lateinisch: „Liebe“). In ihren Namen waren die Götter mit dem, wofür sie nun einmal standen, unmittelbar präsent. Unmittelbar erkennbar und greifbar. So ist es leicht nachzuvollziehen, warum die Anrufung von Götternamen nicht nur im religiösen Kult, sondern auch in Beschwörungen, also in Zauber, Magie und Fluch, vorkam. Mit der Nennung des Namens eines Gottes konnte so dessen Macht für eigene Interessen in Anspruch genommen werden. Auffallend ist indes jetzt schon, dass solche religiösen oder magischen Beschwörungsformeln in der *Bibel* überhaupt nicht zu finden sind.

Das hängt mit der Einzigartigkeit Gottes und insofern auch seines Namens zusammen. Einzigartig ist der biblisch bezeugte Gott darin, so haben wir es uns bereits verschiedentlich klargemacht, dass er der unbedingt *freie* Gott ist und bleibt, der sich von keinen menschlichen Interessen dirigieren lässt. Und dass er gleichzeitig als dieser Gott für seine Menschen der *befreiende* Gott ist und bleibt. So wie es in der Präambel der Zehn Gebote „programmatisch" laut wird. Diese beiden für Gott wesentlichen Aspekte kommen nun auch in seinem *Namen* in einzigartiger Weise zum Ausdruck. Er lautet im Alten Testament: JHWH. Das sind zunächst einmal nur vier Buchstaben, genauer: vier Konsonanten, die kein Mensch als richtiges Wort ordentlich aussprechen kann. Und das ist kein Zufall. Um es zu verstehen, werfen wir noch einmal einen kurzen Blick auf die im Zusammenhang mit der Präambel bereits erwähnte Geschichte von der Berufung des Mose (2. Mose 3).

Dort stellt sich Gott vor mit den Worten: „Ich bin, der ich bin." Oder – der hebräische Urtext lässt das zu – mit „Ich werde sein, der ich sein werde" oder „Ich bin da, weil ich da bin". Den Wortlaut dieses Satzes kann man im Hebräischen nun in den genannten vier Buchstaben zusammenfassen: JHWH, dem sogenannten „Tetragramm". Erst später kommen zu diesen vier Konsonanten auch Vokale hinzu, die wiederum dem hebräischen Wort für „Herr" entnommen sind. Wollte man das Tetragramm nun aussprechen, so würde es „Jahwe", fälschlicherweise auch „Jehova" lauten. Jüdische Menschen vermeiden allerdings das Aussprechen des Tetragramms und wählen jeweils verschiedene Umschreibungen. Die Befürchtung besteht, den geheimnisvollen Namen Gottes vielleicht einmal unkorrekt zu nennen und damit Gefahr zu laufen, gegen das Missbrauchsverbot zu verstoßen. Selbst wenn man christlicherseits einer solchen Frömmigkeitspraxis nicht folgt, kann man ihr doch hohen Respekt entgegenbringen.

Im Tetragramm JHWH kommen also auf geheimnisvolle Weise jene beiden für Gott wesentlichen Aspekte zum Ausdruck. Der „Ich bin, der ich bin" beziehungsweise der „Ich bin da, weil ich da bin" ist ja genau der Gott, der sich bereits seit den Tagen der Schöpfung und dann weiter in den Verheißungen an die Erzväter Abraham, Isaak und Jakob als der Gott erwiesen hat, der in der Tat für seine Menschen schlicht „da" ist. Und zwar so, dass er sie in der Not nicht vergisst und nun in die Freiheit führen will. Gleichzeitig entzieht sich sein Name allein durch seine sprachliche Mehrdeutigkeit, aber mehr noch durch seinen geheimnisvollen Sinn jeder menschlichen Verfügung. Dieser Gott bleibt in aller befreienden Zuwendung zu seinem Volk selbst immer der unbedingt Freie. Der, der durch keine noch so inbrünstige Beschwörung seines Namens für menschliche Zwecke zu instrumentalisieren ist.

Das ist offenbar der Grund, weshalb dieser Name nun eben *„nicht missbraucht"* werden soll. Aber wie haben wir uns solch einen möglichen Missbrauch im alten Israel überhaupt vorzustellen? Was Luther mit „missbrauchen" übersetzt, bedeutet im hebräischen Urtext wörtlich „zum Trug nehmen". Gemeint ist „auf die Lippen" beziehungsweise „in den Mund nehmen". Solche „trügerischen", also nichtigen, falschen oder bösen Zwecke sind der Bibel durchaus bekannt: Zaubereien, Flüche, Gotteslästerungen oder falsche Prophetien, bei denen jeweils der Name Gottes aus vordergründigem Eigeninteresse in den Mund genommen wird. Besonders anfällig für solche „Missbräuche" war offenbar das Rechtswesen. Stand dort zum Beispiel Aussage gegen Aussage oder fehlten Zeugen, so griff man zum sogenannten „assertorischen" (das heißt bloß behauptenden) Eid. Dieser wurde unter Anrufung des Namens Gottes geschworen. Bei einem falschen Gelübde hatte man also den Namen Gottes selbst in den Dreck gezogen. Das war der Missbrauch. Vielleicht können wir jetzt die überaus harsche Formulierung des Heidelberger Katechismus ein wenig nachvollziehen, wonach es keine Sünde gibt, „die größer ist und Gott heftiger erzürnt, als die Lästerung seines Namens". Unter Berufung auf Gott soll also unter keinen Umständen „Trug", Unrecht oder Unwahres geschehen.

„Denn der Herr wird den nicht ungestraft lassen" (wörtlich: „spricht den nicht frei"), „der seinen Namen missbraucht". Wenn wir statt „Strafe" hier einmal das Wort „Folge" einsetzen, was dem biblischen Denken eher entspricht, so ist die Botschaft schlicht: Unrechtes Tun bleibt nicht folgenlos. Dieser verhängnisvolle Zusammenhang wird besonders anschaulich in der Geschichte von Kain und Abel (1. Mose 4). Kain, der Brudermörder, droht selbst zum Opfer, zum Freiwild zu werden: „So wird mir's gehen, dass mich totschlägt, wer mich findet." Zum Glück für Kain durchbricht dann allerdings Gott selbst diesen Teufelskreis des Unrechts und der Gewalt. Die Botschaft des dritten Gebots ist also am Ende: Wer den Namen Gottes für eigennützige, den anderen womöglich unfrei machende Zwecke „missbraucht", muss sich nicht wundern, wenn er darüber selbst in Unfreiheit gerät. Begünstigt er doch auf diese Weise ein Klima der Unwahrhaftigkeit, der Verdächtigungen und des Misstrauens, das allen und so nicht zuletzt auch ihm selbst schadet. „Das eben ist der Fluch der bösen Tat, dass sie, fortzeugend, immer Böses muss gebären", ist man fast geneigt, mit Octavio in Schillers „Wallenstein" zu sagen.

3. Nicht nichts tun

Den Namen Gottes für eigene, „trügerische", also schlicht böse Zwecke zu missbrauchen, das ist die große „Sünde", wie es der Heidelberger Katechismus nennt. Dem will das dritte Gebot wehren. Doch gerade das Christentum hat sich in seiner langen Geschichte immer wieder auf schrecklichste Weise solcher Sünden schuldig gemacht. Im Namen Gottes wurde unter der Parole „Gott will es" zu blutigen Kreuzzügen mit Massakern an Juden und Muslimen aufgerufen. Im Namen Gottes wurden während der Inquisition unschuldige Menschen gefoltert und getötet, nur weil sie nicht der Meinung der offiziellen Kirche waren. Im Namen Gottes wurden unzählige weise Frauen als „Hexen" auf grausame Weise gequält und verbrannt. Im Namen Gottes zogen Tausende von Soldaten in verheerende Angriffskriege, „Gott mit uns" auf den Koppelschlössern. Im Namen Gottes wurde der Vernichtung des europäischen Judentums zugesehen, wurde Apartheid in Südafrika gerechtfertigt, wurden Napalmbomben für Vietnam gesegnet. „In God we trust" steht bis heute auf jeder amerikanischen Ein-Dollar-Note. Im Hintergrund sind zahlreiche, unverhohlen religiös anmutende Symbole eines hemmungslosen Kapitalismus zu sehen. Der Name Gottes als „höhere" Legitimation eines Wirtschaftssystems, das für mannigfache Probleme unserer Welt – von Armut und Ausbeutung bis zu Umweltkatastrophen und Klimawandel – zumindest mitverantwortlich ist. Angesichts all dessen erscheint die drastische Sprache des Heidelberger Katechismus fast als eine Verharmlosung.

Doch der Missbrauch des Namens Gottes begegnet nicht nur in den großen politischen Zusammenhängen. Wie viele Kinder gerade auch in kirchlichen Einrichtungen sind nicht schon mit dem Hinweis auf den „Willen Gottes“ gemaßregelt, gedemütigt und gequält worden. Wie vielen Opfern sexueller Gewalt ist nicht schon der Mund verboten worden allein durch die Autorität eines quasi-göttlichen Amtes. Der Name Gottes, wenn auch indirekt, als Verschleierung entsetzlicher Verbrechen an Leib und Seele von kleinen Menschen, die im Namen Gottes doch unbedingt hätten geschützt werden müssen. „Der liebe Gott sieht alles.“ Wie viele Eltern haben nicht schon mit solchen Sprüchen den Namen Gottes für ihre eigenen erzieherischen Unzulänglichkeiten instrumentalisiert. Das schöne Trostwort aus Psalm 139 – „du siehst alle meine Wege“ – aus purem elterlichen Eigeninteresse verwandelt in ein bedrückendes Drohwort. Ja, man kann auch mit dem Wort Gottes im Munde seinen Namen schänden.

Doch Dietrich Bonhoeffer hat neben dem „Missbrauch des Namens Gottes im Bösen“ zudem noch einen – wie er es nennt – „Missbrauch des Namens Gottes im *Guten*“ ausgemacht: „Er geschieht, wenn wir den Namen Gottes so selbstverständlich, so oft, so glatt und vertraulich im Munde führen, dass wir dem Wunder seiner Offenbarung Abbruch tun. Es ist Missbrauch, wenn wir von Gott reden, als hätten wir ihn jederzeit zur Verfügung. Wir missbrauchen den Namen Gottes, indem wir ihn zu einem leeren Geschwätz machen.“ Bereits über hundert Jahre zuvor sagt Goethe zu Eckermann: „Die Leute traktieren den Namen Gottes, als wäre das unbegreifliche, gar nicht auszudenkende höchste Wesen nicht viel mehr als ihresgleichen. Er wird ihnen, besonders den Geistlichen, die ihn täglich im Munde führen, zu einer Phrase.“ Wie viele „im Namen des Vaters, des Sohnes und des Heiligen Geistes“ eröffnete Gottesdienste bieten am Ende nicht viel mehr als religiös verzierte Allerweltweisheiten. Wie oft muss die Bibel als ein neckischer Stichwortgeber für billigste Banalitäten herhalten. In wie vielen Alltagsgesprächen kommt der „liebe Gott" nur noch als belanglose Vokabel vor. Was wird mittlerweile nicht alles in Gottes Namen gesegnet – von der Feuerwehrspritze bis zum Kuscheltier. Wo wittert man inzwischen nicht überall eine „religiöse Dimension" – von einer Tasse grünen Tees bis hin zum meditativen Muschelsammeln im Wattenmeer.

Damit sind wir wieder an der eingangs erwähnten Beobachtung angelangt, wonach das Wort „Gott" in unserer Alltagssprache nicht selten gedankenlos, ja geradezu inflationär gebraucht wird. Wie oft am Tag geht uns ein rasches „o Gott" oder „mein Gott", ein „du lieber Gott" oder „um Gottes willen" oder am Ende auch nur ein oberflächliches „Gott sei Dank" flott über die Lippen. Ist es da noch verwunderlich, wenn Menschen mit dem Namen Gottes immer weniger anzufangen wissen, so lange wir allein mit dessen Nennung so schluderig umgehen? Fast möchte man noch einmal mit Goethe sagen: „Wären sie durchdrungen von Gottes Größe, sie würden verstummen und ihn vor Verehrung nicht nennen mögen."

Doch – da widersprechen wir Goethe – ein bloßes Unterlassen ist noch lange nicht die Erfüllung des Gebots, den Namen Gottes nicht zu missbrauchen. Das wird leicht ersichtlich an dem positiven Pendant zum dritten Gebot, nämlich der ersten Bitte des Vaterunsers: „Dein Name werde geheiligt." Perspektivisch geht es in diesem Gebot also nicht nur um eine Vermeidung des *Miss*brauchs, sondern vor allem um einen rechten *Ge*brauch des Namens Gottes. Luther beschreibt ihn so: „Wo das Wort Gottes lauter und rein gelehrt wird und wir auch heilig als die Kinder Gottes darnach leben." Im ähnlichen Sinne der Heidelberger Katechismus: „Gottes heiligen Namen sollen wir nur mit Furcht und Ehrerbietung gebrauchen, sodass er von uns recht bekannt, angerufen und in allen unseren Worten und Werken gepriesen wird.“ Gottes Namen nicht zu missbrauchen, bedeutet nicht, nichts tun, sondern umgekehrt, seinen Namen zu loben.

Dieser – positive – Sinn des dritten Gebots bringt also am Ende noch einmal den grundsätzlich *befreienden* Charakter der Zehn Gebote zum Ausdruck. Gott loben befreit nämlich von dem elenden Zwang zum Selbstlob. Von dem narzisstischen Kreisen um das eigene Image, das eigene Wohlergehen, den eigenen Erfolg. Wie viele ermüdende Gespräche drehen sich nicht allein darum, wie toll man wieder gewesen ist. Wie schneidig man es wieder jemandem gezeigt hat. Wie hilfreich man wieder irgendwo im Leben unterwegs gewesen ist. Das Lob des Namens Gottes weist indes mit aller Macht von uns *weg*. Weg von unseren vermeintlichen Wichtigkeiten. Weg von unseren engen Horizonten. Weg von unserem manchmal auch arg kleinkarierten Christentum. Weg von unseren vermeintlich so guten Taten. „Soli deo gloria“ – „allein Gott die Ehre“ hat Johann Sebastian Bach als Motto über sein gesamtes Lebenswerk gesetzt. Ausgerechnet er, der vergleichsweise noch am ehesten Grund zum Selbstlob hätte haben können. Wer seine Musik, diesen einzigen fulminanten Lobpreis Gottes, hört, wird es so schnell nicht wagen, den Namen Gottes für eigene Interessen zu missbrauchen.

VI. „DEN SABBATTAG HEILIGEN“

Ein Gebot, das nicht jedem gefallen wird

1. Merkwürdig fremd

Vor der Bäckerei im Eingangsbereich des Supermarkts hat sich eine längere Schlange gebildet. Der Grund ist bis auf die Straße hinaus wahrnehmbar: ein unbeschreiblich köstlicher Duft von warmen Croissants und frischen Hefeteilchen. Die Schlange besteht aus einer Reihe von Männern jüngeren und mittleren Alters. Einige von ihnen haben ihren kleinen Sohn an der Hand. „Ja, Melvin-Elias, quengel nicht rum. Gleich sind wir ja dran. Zu Hause macht die Mama dir gleich ein leckeres Nutellabrötchen. Nachher fahren wir ins ‚Abenteuerland‘. Du weißt doch: das mit der großen Rutsche. Wenn du möchtest, können wir heute Abend auch noch ein bisschen ‚Rita und das Krokodil‘ gucken.“ Die Tagesgestaltung von Melvin-Elias und seiner Familie scheint einigermaßen gesichert. Es ist Sonntag, kurz vor zehn. Vom nahen Kirchturm läuten die Glocken.

„Gedenke des Sabbattages, dass du ihn heiligst.“ Merkwürdig fremd blickt uns das vierte Gebot an. Merkwürdig fremd in einer Welt, die den Sonntag inzwischen nicht nur mit frischen Brötchen und Abenteuerland bis an den Rand gefüllt hat. Schon seit den frühen Morgenstunden treten sich rund um den Baggersee Jogger und Nordic-Walker gegenseitig auf die Füße, während der Revierpark bereits wieder seine beliebte Hüpfburg aufgebaut hat. Im „Aqua Center“ wird ein Wellness-Freizeitspaß zum günstigen Familienpreis angeboten. Und im Foyer des örtlichen Museums trifft sich eine interessierte Hörerschaft, um etwas über die „spirituelle Dimension im Werk von Joseph Beuys“ in Erfahrung zu bringen. Anschließend Brunch im „Café Pablo“. Trotz Lkw-Fahrverbot sind ab dem frühen Nachmittag die Autobahnen hart an der Staugrenze. Ab etwa 20 Uhr hängt schließlich eine fast gespenstische Ruhe über den Straßen. Der Münsteraner „Tatort“ hat seine Gemeinde versammelt. „Außerdem muss ich morgen ganz früh raus.“

„Gedenke des Sabbattages, dass du ihn heiligst.“ Merkwürdig fremd, um nicht zu sagen: fast rührend nostalgisch wirken diese Worte im Hinblick auf einen Tag, der seit geraumer Zeit von einer gigantischen Freizeit- und Unterhaltungsindustrie beherrscht wird. Doch was den Hüpfburgenbetreibern recht ist, will dem normalen Einzelhändler immer mehr billig erscheinen. „Es ist sagenhaft, sensationell. Es macht richtig Spaß. Wir freuen uns.“ Der Prokurist des großen Modehauses reibt sich die Hände. Wir befinden uns mitten im Trubel eines verkaufsoffenen Sonntags. In der Fußgängerzone drängen sich die Massen. Vor den Parkhäusern sieht man ganze Rudel von SUVs. Nicht nur an den Dönerbuden stehen die Menschen in Dreierreihen. Originalton Prokurist: „Dieser Sonntag schlägt alle Rekorde.“

„Gedenke des Sabbattages, dass du ihn heiligst.“ Weit, weit entfernt, fast biedermeierlich anmutend scheinen die Zeiten, in denen die Großmutter sagen konnte, dass „ohne Gottesdienst der Sonntag für mich kein Sonntag“ sei. Noch Mitte der Sechzigerjahre des vergangenen Jahrhunderts wusste der damalige Liedermacher Franz Josef Degenhardt den „Deutschen Sonntag“ spöttelnd so zu besingen:

> „Da treten sie zum Kirchgang an,
> Familienleittiere voran,
> Hütchen, Schühchen, Täschchen passend,
> ihre Männer unterfassend ...“

Ludwig Richter mit seinem idyllischen Bild vom „Sonntagmorgen“ lässt grüßen: Vater, Mutter, Großmutter und viele fröhliche Kinder verlassen das Haus und ziehen in Scharen ins nahe gelegene Kirchlein. Aus den Wolken grüßt ein sanfter Engel und mahnt mit Glöckchen zur „Sonntagspflicht“. Immerhin kennt ein solches das auch heute noch geltende katholische Kirchenrecht, wonach es – laut Katechismus – eine „schwere Sünde“ ist, sonntags oder am Vorabend nicht an der heiligen Messe teilzunehmen. Geduldete Ausnahmen: Krankheit, Gebrechlichkeit, Alter oder die Pflege eines Säuglings.

Ja, geradezu museal wollen uns die Erinnerungen an Sonntagssitten vergangener Generationen erscheinen, wonach an diesem Tag nicht nur die berufliche Arbeit zu ruhen hatte, sondern auch alle anderen nicht unbedingt notwendigen Tätigkeiten wie Rasenmähen, Waschen, Bügeln, Putzen, Handarbeiten und aufwendiges Kochen. Daran, dass in bestimmten christlichen Kreisen der Sonntag ausschließlich der Besinnung zu dienen hatte, neben dem Gottesdienst vor allem der persönlichen Bibellese und dem Gebet. Dass deshalb auch etliche „weltliche Vergnügungen“ verpönt waren: Kartenspiel, Theater, Kino oder

Tanz, weil sie als Ablenkungen vom Eigentlichen galten. Der Sonntag war – wie es das Gebot vorsieht – eben zu „heiligen".

Doch kann es ernsthaft sein, dass das vierte Gebot uns nichts Wichtigeres mitzuteilen hat als die Erinnerung an eher bürgerlich-christliche Idyllen der Vergangenheit, die womöglich auch nie so mit der Realität übereingestimmt haben? Ist es überhaupt legitim, den biblischen Sabbat mit dem christlichen Sonntag in einen Topf zu werfen? Und nicht zuletzt: Was hat es mit dem „Gedenken" und dem „Heiligen" beziehungsweise – wie es in der zweiten Version der Zehn Gebote heißt – mit dem „Halten" des Sabbattages im Einzelnen eigentlich auf sich? Grund genug, einmal mehr die einschlägigen biblischen Texte aufzusuchen.

2. Ein „Tag des Aufhörens"

„Gedenke des Sabbattages ..." Was ein Tag ist, weiß jedes Kind. Aber was ist eigentlich ein Sabbat? Das hebräische Ursprungswort, das diesem deutschen Fremdwort zugrunde liegt, lautet „schabbat", mit Betonung auf der zweiten Silbe. „Schabbat" bedeutet wörtlich „aufhören". Beim Sabbattag geht es demnach schlicht um einen „Tag des Aufhörens". Ähnlich wie im vierten Gebot heißt es zum Beispiel in 2. Mose 23, 12: „Sechs Tage sollst du deine Arbeit tun, aber am siebten sollst du aufhören (schabbat)." Also ein ganz profaner, genauer gesagt: ökonomischer Vorgang, der den Rhythmus für die werktätige Bevölkerung vorgibt: sechs Tage Arbeit, ein Tag Pause. Im Hintergrund steht die bäuerliche Welt des alten Israel, in der man sich auf dem zumeist kargen Boden Palästinas wohl in der Regel ordentlich abzurackern hatte. So wie es den ersten Menschen bereits bei der Vertreibung aus dem Paradies vorhergesagt worden war: „Mit Mühsal sollst du dich vom Acker nähren dein Leben lang. Dornen und Disteln soll er dir tragen, und du sollst das Kraut auf dem Felde essen. Im Schweiße deines Angesichts sollst du dein Brot essen, bis du wieder zu Erde wirst, davon du genommen bist“ (1. Mose 3, 18f). Dass die normale Arbeit für die meisten Menschen der damaligen Zeit kein Zuckerschlecken war, wird in der Bibel immer wieder beklagt: „Unser Leben währet siebzig Jahre, und wenn's hoch kommt, so sind's achtzig Jahre, und was daran köstlich scheint, ist doch nur vergebliche Mühe“ (Psalm 90, 10). Arbeit ist zunächst einmal grundsätzlich *Mühsal*.

Und genau dieser Mühsal wird mit dem vierten Gebot – wenigstens einmal in der Woche – Einhalt geboten. Der damit gegebene Rhythmus von „sechs plus eins“ stellt in der antiken Welt eine einmalige Besonderheit dar. Die Rhythmen der anderen Völker waren zumeist aus den Abläufen der Natur abgeleitet: etwa den Auf- und Niedergängen von Sonne und Mond oder dem Wechsel von Saat und Ernte. Der „Sechs-plus-eins“-Rhythmus durchbricht, wenn man so will, völlig willkürlich den natürlichen Lauf der Dinge und ist unabhängig davon das ganze Jahr hindurch stur durchzuhalten. Hier zeigt sich einmal mehr der besondere Glaube Israels. Der „Schöpfer des Himmels und der Erden“ ist eben nicht ein bloßer Ausdruck oder gar eine Art religiöse Überhöhung allgemeiner natürlicher Vorgänge, sondern er bleibt als deren Ursprung ihr *Herr*. Das ist etwas anderes. Sonne, Mond oder Fruchtbarkeit sind deshalb auch nicht – wie in den Naturreligionen der damaligen Zeit – als göttliche Mächte zu verehren, sondern als Geschöpfe aus Gottes Hand anzusehen. Er selbst ist und bleibt der Souverän seiner Schöpfung. Diese kleine, aber wahrhaftig nicht unwichtige Botschaft verbirgt sich bereits in dem einmaligen, ja geradezu willkürlich erscheinenden „Sechs-plus-eins"-Rhythmus.

Nun werden in diesem Gebot dem „Tag des Aufhörens" verschiedene Tätigkeitswörter zugeordnet: „gedenken" und „heiligen" (2. Mose 20) beziehungsweise „halten" und „heiligen" (5. Mose 5). Alle diese Wörter scheinen auf den ersten Blick in eine ähnliche Richtung zu gehen, ja geradezu austauschbar zu sein. Zumindest erwecken sie in ihrer Massivität den Eindruck, dass der Sabbattag unter allen Umständen ernst zu nehmen ist. Das allein sollte uns schon misstrauisch machen gegenüber der allgemeinen Sabbatvergessenheit unserer Tage. Doch bei aller Ähnlichkeit verbergen sich hinter diesen drei sicher sehr benachbarten Wörtern noch einmal jeweils eigene, besondere Akzente, die uns womöglich helfen können, das Sabbatgebot noch ein wenig genauer zu verstehen.

Das Wort *„gedenken"* kommt im Alten Testament relativ häufig vor. Der Glaube Israels lebt geradezu von der Erinnerung: „Darum gedenke ich der Taten Gottes, ja, ich gedenke deiner früheren Wunder und sinne über alle deine Werke und denke deinen Taten nach" (Psalm 77, 12f). Auch die Zehn Gebote setzen ja mit solch einer Erinnerung ein: „Ich bin der Herr, dein Gott, der ich dich aus Ägyptenland, aus der Knechtschaft, geführt habe." Von Generation zu Generation werden die Glaubensinhalte – eben erinnernd – weitergegeben, so vor allem in der Liturgie des Passafestes: Dort stellt der Jüngste der Tischgemeinschaft die Frage: „Warum unterscheidet sich diese Nacht von allen anderen Nächten?" Antwort: „Einst waren wir Knechte des Pharao in Ägypten, da führte uns der Ewige, unser Gott, heraus von dort ..." Wohlgemerkt: „Wir" und „uns". Gedenken – das ist für Israel nicht so sehr die Aufforderung zu einer historischen Neugier, sondern die Vergegenwärtigung eines Geschehens, mit dem sich der einzelne Glaubende unmittelbar identifiziert. So als sei die Befreiung aus Ägypten nicht nur an seinen Vorfahren, sondern auch an ihm selbst geschehen. „Gedenke des Sabbattages" heißt also ganz einfach: Mache dir den „Tag des Aufhörens" zu eigen.

„Dass du ihn *heiligst*." „Heilig" ist in der Bibel zunächst eine Eigenschaft, die ganz Gott gehört. Sie drückt seine unbedingte und mit nichts anderem zu vergleichende Besonderheit aus. „Heilig, heilig, heilig ist der Herr der Heerscharen", heißt es etwa bei der Berufung des Propheten Jesaja, „alle Lande sind seiner Ehre voll!" (Jesaja 6, 3). Das kann man von einem Menschen nun wirklich nicht behaupten. Doch das Erstaunliche ist, dass Gott selbst von seiner Heiligkeit, also von seiner Besonderheit, seinen Menschen sozusagen etwas „abgibt": „Ihr sollt heilig sein, denn ich bin heilig" (3. Mose 11, 45). Wer zu Gott gehört, ist nicht etwas Besseres, wohl aber etwas Besonderes. So wie wir uns ja heute noch im sonntäglichen Glaubensbekenntnis zur „Gemeinschaft der Heiligen" bekennen. Wenn nun der Sabbattag zu heiligen ist, heißt das nicht mehr und nicht weniger, als dass wir seine von Gott verliehene Besonderheit zu achten haben. Gott selbst ist der Geber des Sabbats. Das ist etwas anderes als ein vom staatlichen Gesetzgeber gewährter freier Tag zum Zwecke der allgemeinen Erholung und der Erhaltung der Arbeitskraft.

Jetzt verstehen wir vielleicht auch, weshalb die zweite Version der Zehn Gebote an dieser Stelle vom „*Halten*" des Sabbattages spricht: „Den Sabbattag sollst du halten, dass du ihn heiligst, wie dir der Herr, dein Gott, geboten hat" (5. Mose 5, 12). „Halten“ klingt im ersten Moment etwas blass, so als ginge es nur darum, irgendeine Regel, sagen wir einmal die Rechts-vor-links-Vorschrift im Straßenverkehr, einzuhalten. Das hebräische Wort bedeutet allerdings wesentlich mehr. Man muss es eher mit „hüten“ oder auch „bewahren“ wiedergeben. Das erinnert an die Schöpfungsgeschichte mit ihrem Auftrag an den Menschen, die Erde „zu bebauen und zu bewahren“ (2. Mose 2, 15). Der „Tag des Aufhörens“ ist also unter allen Umständen zu schützen und eben durchaus auch zu hegen und zu pflegen. Es ist wie mit einem kostbaren („besonderen“) Schatz, den man ja auch sorgsam hütet und darauf achtet, dass er keinen Schaden nimmt.

Auffallend ist, wer von dem Sabbatgebot alles betroffen ist und namentlich benannt wird: neben dem allgemeinen „du“ auch „dein Sohn, deine Tochter, dein Knecht, deine Magd, dein Rind, dein Esel, all dein Vieh“ und schließlich auch „dein Fremdling, der in deiner Stadt lebt“. Die wöchentliche Unterbrechung der Arbeit gilt also für *alle*: Alte und Junge, Freie und Unfreie, Einheimische und Fremde, Menschen und Tiere. Wenigstens für einen Tag sollen die sozialen Schranken fallen und die sonst geltenden geschöpflichen Unterschiede zwischen Mensch und Tier aufgehoben sein. Eine faszinierende Botschaft. Sie erinnert an den ersten Schöpfungsbericht der Bibel (1. Mose 1), in dem die gesamte Schöpfung – Himmel und Erde, Tag und Nacht, Land und Meer, Sonne und Mond, Kräuter und Bäume, Fische und Vögel, Wild und Vieh, Gewürm und Mensch – in großer Solidarität miteinander verbunden ist. Antiker Kommunismus? Oder pure Utopie? Jedenfalls mahnt das vierte Gebot, sich wenigstens einmal in der Woche und also regelmäßig an dieser Solidarität zu orientieren.

Interessant ist zudem, dass die beiden Versionen der Zehn Gebote – so ähnlich sie auch sonst sein mögen – an dieser Stelle deutlich auseinandergehen, indem sie nämlich zwei sehr unterschiedliche *Begründungen* für das Halten des Sabbats angeben. Nach 2. Mose 20 ist es so, dass wir es mit dem Wechsel von Arbeit und Arbeitsunterbrechung so halten sollen, wie Gott selbst es in seiner Schöpfertätigkeit gehalten hat: „Denn in sechs Tagen hat der Herr Himmel und Erde gemacht und das Meer und alles, was darinnen ist, und ruhte am siebenten Tage." Die uns gebotene Ruhe ist also wesentlich mehr als nur eine bloße Pause zur Regeneration. Sie hat ein göttliches Vorbild und damit bereits Sinn genug. Sie muss nicht eigens, etwa durch ihre Nützlichkeit für den Erhalt der Arbeitskraft, legitimiert werden. Wenn Gott selbst zu ruhen geruht, braucht die Ruhe keine weitere Begründung.

Ganz anders 5. Mose 5. Hier wird der „Tag des Aufhörens" mit der Erinnerung an die Befreiung aus der Knechtschaft begründet: „Denn du sollst daran denken, dass auch du Knecht in Ägyptenland warst und der Herr, dein Gott, dich von dort herausgeführt hat mit mächtiger Hand und ausgerecktem Arm." Die Mühsal der Arbeit erscheint hier geradezu als eine Art Gefangenschaft – ähnlich der in Ägypten. Demzufolge der Sabbat – man staune – als ein Akt der Befreiung. Siehe die Präambel. Wir erinnern uns. – So verschieden diese beiden Begründungen also auch sind, widersprechen müssen sie sich deshalb noch lange nicht. Verschiedenheit kann man auch als wertvolle Ergänzung oder gar als Bereicherung ansehen.

Das Sabbatgebot ist also voller göttlicher Autorität *und* sozialer Konsequenz. Kein Wunder, dass seine Botschaft in andere biblische Texte hinein gewissermaßen „Kreise zieht". So lesen wir zum Beispiel von einem ganzen *„Sabbatjahr"*: „Sechs Jahre sollst du dein Land besäen und seine Früchte einsammeln. Aber im siebenten Jahr sollst du es ruhen und brach liegen lassen, dass die Armen unter deinem Volk davon essen; und was übrig bleibt, mag das Wild auf dem Felde fressen" (2.Mose 23, 10f). Auch hier leuchtet das Motiv der geschöpflichen Solidarität unübersehbar auf: die Wohltat des Sabbats – nun auch für den „arbeitenden" Erdboden, für das „sich mühende" Wild und nicht zuletzt auch für die Bedürftigen im Lande. Dahinter steckt aber auch der theologisch noch gewichtigere Gedanke, dass für den biblischen Glauben das Land gar nicht uns, sondern Gott gehört, wir also nur Gäste darauf sind und es uns also auch nicht zur schrankenlosen Verfügung steht, sondern allenfalls zu treuer Verwaltung anvertraut ist: „Denn das Land ist mein, und ihr seid Fremdlinge und Beisassen bei mir" (3. Mose 25, 23). Der Grundgedanke des Sabbatjahrs lebt im Übrigen seit einiger Zeit in dem sogenannten „Sabbatical" wieder auf, einer gelegentlichen beruflichen Auszeit, um zum Beispiel einem drohenden Burn-out vorzubeugen.

Vom Sabbatjahr zieht das „Prinzip Sabbat" schließlich noch einen weiteren Kreis, das sogenannte *„Erlassjahr"*. Danach waren in Israel sieben Sabbatjahre, „also siebenmal sieben Jahre" zu zählen, „dass die Zeit der sieben Sabbatjahre neunundvierzig Jahre mache" (3. Mose 25, 8). Im darauf folgenden fünfzigsten Jahr waren ein allgemeiner Schuldenerlass und die Freilassung aller Sklaven vorgesehen. Ob es in Israel je auch zu dieser Konsequenz gekommen ist, sei dahingestellt. Die hier abermals durchschimmernde Utopie bleibt gleichwohl faszinierend und von großer gesellschaftlicher Sprengkraft, nämlich die Aufhebung von Armut und die Ermöglichung ursprünglicher, selbstbestimmter Besitzverhältnisse. Immerhin wurde die „Idee" eines

Erlassjahrs noch einmal Ende des vergangenen Jahrhunderts aufgegriffen, als der Ökumenische Rat der Kirchen für die hoffnungslos überschuldeten Entwicklungsländer einen allgemeinen Schuldenerlass forderte. Wohlgemerkt: All diese gesellschaftspolitischen, „rein profanen" Konsequenzen sind Folgen eines göttlichen Gebots, leben also aus höchster Autorität. Das ist womöglich auch der Grund, weshalb in Israel im Laufe der Geschichte der Sabbat mehr und mehr auch *kultisch* begangen wird. Bis heute.

Dass wir es beim Sabbatgebot nicht mit einer blind oder gar zwanghaft zu befolgenden Verhaltensmaßregelung zu tun haben, sondern mit einer Weisung in die Freiheit, wird im Neuen Testament noch einmal neu von Jesus hervorgehoben. Anlässlich einer Heilung am Sabbat, die nach damaligen Verständnis als ärztliche Arbeit galt, wehrt er sich gegen den Vorwurf, damit den Sabbat gebrochen zu haben, mit dem Hinweis: „Wer ist unter euch, dem sein Sohn oder sein Ochse in den Brunnen fällt und der ihn nicht alsbald herauszieht, auch am Sabbat?" (Lukas 14, 5; vgl. 13, 15 und Matthäus 12, 11). Niemand der umstehenden Kritiker widerspricht ihm. Es scheint seinerzeit also durchaus üblich gewesen zu sein, dass bei Gefährdung von Leib und Leben der Erhalt des Lebens Vorrang vor der peniblen Einhaltung des Sabbats hatte. Wenn es um Höheres geht, muss es Ausnahmen von der Regel geben. Jesu Schlussfolgerung: „Der Sabbat ist um des Menschen willen gemacht und nicht der Mensch um des Sabbats willen" (Markus 2, 27). Der unwiderstehliche Geist der Freiheit – er weht auch hier.

In der ersten Christenheit, die sich ihrer jüdischen „Wurzel", wie Paulus das nennt (vgl. Römer 11, 18), bewusst ist, wird der Sabbattag selbstverständlich weiter eingehalten. Doch alsbald kommt es zu einer sozusagen „terminlichen“ Verschiebung. Ist der Sabbat – gemäß jener Begründung, wonach Gott „am siebenten Tag von allen seinen Werken ruhte“ (1. Mose 2, 2) – seit alters der *letzte* Tag der Woche, so feiert die junge christliche Gemeinde mehr und mehr den folgenden, also den *ersten* Tag der Woche als ihren Sabbat. Warum? Nach den Berichten der Evangelien ist dieser Tag der Tag der Auferstehung Christi von den Toten (vgl. Markus 16, 1f; Matthäus 28, 1). Dieses umstürzende Ereignis versteht die Gemeinde – damit ganz im Sinne des grundsätzlich befreienden Charakters der Gebote – als *die* zentrale Befreiungstat Gottes. Nun nicht mehr nur aus ägyptischer Knechtschaft, sondern allumfassend aus den Todesmächten dieser Welt. Folgerichtig wird nun der erste Tag der Woche zum „Tag des Herrn“ (Offenbarung 1, 10), an dem man gottesdienstlich zusammenkommt. Unter dem Einfluss der griechisch-römischen Kultur, die einen „Tag der Sonne“ (dies solis) kannte, bürgert sich im Laufe der Zeit schließlich der Name „Sonntag“ ein. Die ursprüngliche Botschaft des Sabbats bleibt indes auch für den christlichen Glauben verbindlich. Bis heute.

3. Um der Menschen willen

Bei der Frage, was das vierte Gebot uns heute noch zu sagen hat, werden wir natürlich berücksichtigen müssen, dass sich die wirtschaftlichen und gesellschaftlichen Verhältnisse seit den Zeiten der Bibel, aber eben auch seit den Zeiten unserer Eltern und Großeltern erheblich gewandelt haben – eine Binsenweisheit. In einer hochindustrialisierten Welt stellt der Sonntag als gesetzlich geschützter Ruhetag einen wichtigen Faktor zur Erhaltung der allgemeinen Arbeitskraft dar. Aber dieser Faktor setzt seinerseits wieder neue ökonomische Impulse frei, begründet ganze Wirtschaftszweige, etwa die der Reise- und Freizeitindustrie. Insofern unterliegt die Zeit der Regeneration nicht selten den gleichen Gesetzen wie die der Arbeit. An die Stelle der Balance von Tätigkeit und Ruhe, Anspannung und Entspannung tritt mehr und mehr die unablässige Unrast in Arbeit *und* Freizeit, Beruf *und* Konsumverhalten. Wie die Arbeitszeit muss nun auch die arbeitsfreie Zeit möglichst *genutzt* werden.

So ist der Sonntag inzwischen zum Spielball mannigfacher wirtschaftlicher Interessen geworden. Lange vorbei sind die Zeiten, in denen vor allem die Notdienste (Ärzte, Polizei, Feuerwehr) Ausnahmen von der Sonntagsarbeit reklamierten. Von kirchlicher Seite konnte man in solchen Fällen auf die in den Brunnen gefallene Kuh aus der Bibel verweisen. Allerdings sind spätestens seit dem Beginn der Industrialisierung unzählige weitere Ausnahmen hinzugekommen: etwa die technischen Erfordernisse bestimmter Produktionsanlagen, zum Beispiel der Hochöfen, die eine durchgehende Betreuung – also auch sonntags – erforderlich machen. Inzwischen gibt es zudem den Hinweis auf die internationale Konkurrenz, auf die Rentabilität teurer Maschinen und nicht zuletzt auf das zusätzlichen Gewinn versprechende Geschäft an verkaufsoffenen Sonntagen, der eine Ausweitung der Sonntagsarbeit begründen soll. Von den vielen Dienstleistungen, die gerade für die Wochenendgestaltung der Bevölkerung nötig sind, ganz zu schweigen – von der Kellnerin im Gartenlokal bis zum Platzanweiser im Kino.

Beispielhaft für diese Entwicklung steht das sprunghafte Anwachsen der Callcenter, die sieben Tage in der Woche durchgängig 24 Stunden ihren Service anbieten. Begründung: Man könne dem angeblich freien Kundenwillen schließlich nicht vorschreiben, wann er einzukaufen gedenke. Aus der ursprünglichen Ausnahme, nämlich in ausgewiesenen Notfällen die Arbeitsruhe zu unterbrechen, droht in Zeiten zunehmender sozialer Deregulation immer mehr eine neue ökonomische Regel zu werden, die ausschließlich den Interessen der Profitmaximierung dient, die den menschenfreundlichen, den befreienden Sinn der allgemeinen Sonntagsruhe vergessen macht. Aber im Ernst: Wovon sollte uns das Gebot „Gedenke des Sabbattages, dass du ihn heiligst" denn konkret befreien? Wir versuchen ein paar vorsichtige Antworten. Sie werden nicht jedem gefallen.

Das Sabbatgebot befreit zunächst und vor allem von der Wahnvorstellung, alles in unserem Leben hänge an Arbeit, Machen und Schaffen. „Nur Arbeit war sein Leben" – welch niederschmetternde, desolate Bilanz auf so mancher Todesanzeige. Man fragt sich: Gab es in diesem Leben niemals so etwas wie Muße, Freude oder Genuss? Kein Kinderlachen, keine Musik, keinen Spaziergang? „Schabbat" heißt, wir erinnern uns, schlicht „aufhören". Es geht dabei also um eine heilsame *Unterbrechung* eines geradezu totalitären Systems dauernder Betriebsamkeit – ob in der Arbeit, in der Freizeit, im Konsum oder auch nur in der permanenten Erreichbarkeit via Facebook. Mit dem Sabbattag wird die Vorstellung infrage gestellt, der „Wert" eines Menschen bemesse sich ausschließlich danach, was er leistet, was er „bringt", wie nützlich er für die Gesellschaft ist oder wie viel Likes er hat. Das vierte Gebot ruft dagegen zur Entgötterung der Arbeit auf, zur grundsätzlichen Verweigerung der Anbetung von Leistung, Erfolg und Profit als gewissermaßen rund um die Uhr auf dem Thron sitzende Potentaten. Eine solche Befreiung täte unserer Gesellschaft in der Tat mehr als gut. Zu viele – an Leib und Seele Kranke, Gescheiterte und Gedemütigte, menschlich Erkaltete und Verrohte – sind bereits Opfer einer mehr und mehr um sich greifenden Sabbatvergessenheit. Des Sabbats wenigstens zu *„gedenken“*, könnte ein erster Schritt in die von Gott vorgesehene Freiheit sein.

Das vierte Gebot befreit zudem von dem geradezu schicksalhaften Zwang zur weiteren Entsolidarisierung unseres Gemeinwesens. Das alte Sabbatgebot galt ja *allen*, also Freien wie Sklaven, Männern wie Frauen, Einheimischen wie Fremden, Menschen wie Tieren. Die überaus unterschiedlichen und nicht zuletzt auch überaus unterschiedlich entlohnten Arbeitsverhältnisse und in ihrer Folge die immer weiter auseinanderdriftende „soziale Schere“ sind ungerecht genug. Nicht nur in unserer Gesellschaft. Um ein Vielfaches mehr noch im internationalen Vergleich. Laut einer Studie der Hilfsorganisation Oxfam besaßen im Jahr 2017 die 42 reichsten Menschen der Welt so viel wie die gesamte ärmere Hälfte der Weltbevölkerung. Das Sabbatgebot mit seiner zumindest zeitweiligen Aufhebung aller sozialen Unterschiede könnte uns daran erinnern, dass die vielen Ungerechtigkeiten unserer Welt kein Schicksal sind, das achselzuckend hinzunehmen ist. Es könnte als ein unüberhörbarer Ruf verstanden werden, uns am Kampf für menschliche Gerechtigkeit – im Kleinen wie im Großen – tapfer zu beteiligen. Ein solcher Ruf ist biblisch breit belegt. Wer ihn nicht zu vernehmen meint, müsste schon mutwillig weghören.

Das Befreiende des Sabbatgebots liegt auch darin, dass es eben *dieser und kein anderer Tag* ist. Wer meint, jeder könne doch seine Erholungszeit selbst wählen und individuell festlegen, ist im Grunde schon Opfer der Marktlogik mit ihrer Forderung nach einem flexiblen, das heißt den Bedürfnissen der Wirtschaft angepassten Menschen. Dass die Arbeitsruhe auf einen bestimmten Tag festgelegt ist und nicht einfach dem Belieben jedes Einzelnen überlassen wird, könnte die besondere Würde und den besonderen Wert der Ruhe unterstreichen. Der Glaube sieht diese besondere Würde in Gottes eigenem Verhalten begründet, wenn es heißt: „Gott ruhte am siebenten Tage von allen seinen Werken, die er gemacht hatte" (1. Mose 2, 2). Die Ruhe dient also – entgegen gängiger Wirtschaftsideologie – nicht einfach nur der Regeneration der Arbeitskraft, sondern sie hat einen ganz eigenen, tieferen Sinn. Spuren dieser Einsicht scheint selbst das Grundgesetz, das ja erst einmal einer religiösen Neutralität verpflichtet ist, bewahrt zu haben: „Der Sonntag und die staatlich anerkannten Feiertage bleiben als Tage der Arbeitsruhe und der seelischen Erhebung gesetzlich geschützt" (Artikel 140). Wer einmal an einem Sonntagmorgen auch nur durch die stillen Straßen einer Stadt geht, ahnt etwas von dem, was unbedingt schützenswert ist.

Für den christlichen Glauben schließlich bleibt der Sonntag zudem der Tag des Gottesdienstes. Es hatte schon seinen Grund, weshalb Israel die ursprüngliche, bloß „profane" Arbeitsruhe des Sabbats zunehmend mit dem gottesdienstlichen Kult füllte. Aber was heißt hier schon Kult oder Gottesdienst? Für Israel und so auch für die Christenheit ist das immerhin nichts Geringeres als die Erinnerung an die großen und befreienden Taten Gottes. In dem Zusammenhang wirft man der Kirche ja – etwa in der Auseinandersetzung um den verkaufsoffenen Sonntag – gerne Eigeninteressen vor. Sie kämpfe ja nur um den Erhalt der Sonntagsruhe, um dem Arbeitnehmer die Teilnahme am Gottesdienst zu ermöglichen. Ja, das ist richtig. Die Kirche hat mit aller Macht und auch Fantasie in der Tat dafür zu sorgen, dass es Menschen möglich ist, am Gottesdienst teilzunehmen. Aber sie hat das nicht aus *Eigen*interesse zu tun, sondern aus einem *allgemeinen* Interesse. Inwiefern? Ganz schlicht, weil hier – im Gottesdienst – etwas grundsätzlich *anderes* zu hören ist als in den Chefetagen und Werbespots. Wer dem vierten Gebot Folge leisten will, wird also nicht so sehr um seiner *selbst,* sondern vor allem um der *Menschen* willen weiter für den Erhalt des Sonntags, dieser wohltuenden, ja befreienden kollektiven Marktverweigerung, eintreten.

Mir fällt auf: Von „passenden Hütchen, Schühchen und Täschchen" war nun schon länger nicht mehr die Rede.

VII. „VATER UND MUTTER EHREN“

Magna Charta einer humanen Gesellschaft

1. Alles nur ein Missverständnis?

„Von meinen Eltern“, so schreibt der ehemalige Leiter des Konzentrationslagers Auschwitz, Rudolf Höß, in seinen „autobiografischen Aufzeichnungen“ kurz vor seiner Hinrichtung, „war ich so erzogen worden, dass ich allen Erwachsenen und besonders Älteren mit Achtung und Ehrerbietung zu begegnen hätte. Ganz besonders wurde ich immer darauf hingewiesen, dass ich Wünsche oder Anordnungen der Eltern, der Lehrer, Pfarrer usw., ja aller Erwachsenen bis zum Dienstpersonal unverzüglich durchzuführen beziehungsweise zu befolgen hätte. Was diese sagten, sei immer richtig.“ Fassungslos steht man vor der Selbstrechtfertigung eines Mannes, der für die Ermordung von vielen Hunderttausenden Verantwortung trug. Der nach eigenem Bekunden in einer „tiefreligiösen Atmosphäre“ erzogen worden war und aufgrund eines Gelübdes des Vaters ursprünglich sogar für den Beruf eines Geistlichen vorgesehen war. Wie kann es sein, dass ein angeblicher „Befehlsnotstand“ und am Ende sogar das Gebot, Vater und Mutter zu ehren, zur Legitimation monströser Verbrechen herhalten muss?

Um das, wenn schon nicht verstehen, so doch wenigstens irgendwie nachvollziehen zu können, müssen wir einen kurzen Blick in die sogenannte „Wirkungsgeschichte" des Elterngebots tun. Erst auf diesem Hintergrund kann deutlich werden, welch verheerende Folgen es haben kann, wenn man die biblischen Texte nicht genau, das heißt ihrer eigenen Intention entsprechend, und wo nötig eben auch einmal kritisch liest. Ja, die Bibel ist vor Missbrauch wahrhaftig nicht geschützt. Das liegt meist daran, dass man aufgrund von Eigeninteressen etwas in sie *hinein*liest, statt auf das, was sie von sich aus sagen will, erst einmal in Ruhe zu *hören*.

Ob das beim Elterngebot, mit dem wir uns nun zu beschäftigen haben, mitunter nicht sorgfältig genug geschehen ist, wird man in der Tat fragen müssen. Auch die biblischen Texte selbst sind von einer solchen kritischen Rückfrage nicht ausgenommen. Jedenfalls irritiert, wenn etwa der Epheserbrief im Neuen Testament das ursprüngliche „Ehren" der Eltern wie selbstverständlich mit einem den Eltern gegenüber geschuldeten *„Gehorsam"* interpretiert, wenn es dort heißt: „Ihr Kinder, seid gehorsam euren Eltern in dem Herrn; denn das ist recht. ‚Ehre deinen Vater und deine Mutter', das ist das erste Gebot, das eine Verheißung hat" (Epheser 6, 1f). Ähnlich wenig später der Kolosserbrief: „Ihr Kinder, seid gehorsam den Eltern in allen Dingen; denn das ist wohlgefällig in dem Herrn" (Kolosser 3, 20). Auf das Alte Testament können sich beide Briefe allerdings nur sehr bedingt berufen. So heißt es an einer – relativ späten – Stelle einmal lapidar: „Gehorche deinem Vater, der dich gezeugt hat" (Sprüche 23, 22). Die allermeisten biblischen Texte, die das Verhältnis der Kinder zu ihren Eltern behandeln, deuten das „Ehren" der Eltern sehr anders, wie wir noch sehen werden.

Man kann auch fragen, ob die Verfasser des Epheser- beziehungsweise des Kolosserbriefes überhaupt ahnen konnten, welcher verhängnisvollen Deutungsgeschichte sie mit ihrem „Gehorchen" den Weg ebnen würden. Oder sind sie einfach nur Kinder ihrer und das heißt eben einer grundsätzlich *patriarchalen* Zeit gewesen, in der die Unterordnung der Kinder unter die Weisung ihrer Eltern schlicht normal war? Damit stellt sich die weitere – grundsätzlichere – Frage, ob wir bei der berechtigen Suche nach der Botschaft der biblischen Texte gleich alle ihre zeitbedingten Gesellschaftsverhältnisse mit übernehmen müssen. Wäre dem so, so könnten wir gleich morgen zum Beispiel die Sklaverei wieder einführen, die ja ebenfalls nirgendwo in der Bibel grundsätzlich infrage gestellt wird. Wir werden also auch hier gut daran tun, immer wieder nach der eigentlichen *Intention* eines biblischen Textes zu fragen – und sei es gelegentlich auch durch seine zeitbedingten Eierschalen hindurch.

Im Falle des Elterngebots hat sich allerdings über lange Zeit und in großer christlicher Einmütigkeit die Gehorsamsdeutung durchgesetzt. Wirkungsmächtig ist hier vor allem die Katechismusauslegung Martin Luthers geworden: „Wir sollen Gott fürchten und lieben, dass wir unsere Eltern und Herren nicht verachten noch erzürnen, sondern sie in Ehren halten, ihnen dienen, gehorchen, sie lieb und wert haben." Man fragt sich, wie kommen mit einem Mal die „Herren" in das Elterngebot? Luther meint damit alle die „Oberpersonen", die auf den Plan treten, wo die elterliche Erziehungsgewalt nicht mehr hinreicht, also etwa Schulmeister, Freunde, Nachbarn und nicht zuletzt die staatliche Obrigkeit. Fazit: „Also haben wir dreierlei Väter in diesem Gebote vorgestellt: des Geblüts, im Hause und im Lande." Wen wundert es da noch, dass man in den folgenden Jahrhunderten immer wieder meinte, sich auf das angebliche „Gehorsamsgebot“ der Bibel berufen zu können, wenn es darum ging, eine autoritär-obrigkeitsstaatliche Gesellschaftsordnung zu rechtfertigen? Oder ist das alles nur ein Missverständnis?

Bevor wir nun allerdings Luther zum alleinigen Sündenbock einer problematischen Auslegung erklären, sollten wir auch etwa auf den reformierten Heidelberger Katechismus verweisen, der behauptet, dass wir neben den Eltern auch „allen, die mir vorgesetzt sind“, nicht nur Ehre erweisen, sondern eben auch „alle gute Lehre und Strafe mit gebührendem Gehorsam annehmen“ sollen (Frage 104). Oder auf den katholischen Katechismus von 1897, in dem empfohlen wird, den Vorgesetzten „in allem, was diese erlaubterweise befehlen, gehorsam zu sein“, und das heißt dann auch, „mit Geduld die Launen der Herrschaft ertragen“. In Theodor Fontanes Roman „Stine“ sagt der Baron: „Einem Vater gegenüber, und wenn er einem das Furchtbarste sagt, muss man sich ruhig verhalten und sich das Furchtbarste gefallen lassen, das verlangt so das (Eltern)Gebot.“ Noch im Jahr 1960 konnte der niederländische Erfolgsautor Anne de Vries in seiner für Kinder bestimmten „Erklärung“ der Zehn Gebote schreiben: „Denk daran: Wenn Vater und Mutter mal etwas Falsches tun, dann darfst du nicht böse auf sie sein.“ Wie viele der heute älteren Generation sind mit erzieherischen Grundsätzen groß geworden, wonach man den Eltern eben vor allem zu *gehorchen* habe. Und: „Bitte keine Widerworte!“ Ich höre es noch wie heute.

Sicher wird man sich hüten müssen, vorschnell etwa vom Epheserbrief über Luther oder einen traditionellen katholischen Katechismus eine direkte Linie bis zu dem grauenvollen Kadavergehorsam der Nationalsozialisten zu ziehen. Gleichwohl ist die offenkundige Ähnlichkeit der Aussagen nicht einfach von der Hand zu weisen. Wir werden also wieder einmal einiges zu klären haben. Nicht nur verhängnisvolle Missverständnisse, sondern vor allem die Frage, wie denn das Gebot, die Eltern zu ehren, *von sich aus* verstanden sein will. Auch die Frage, wer mit dem Elterngebot überhaupt angesprochen ist. Was genau es mit „deinem Vater und deiner Mutter" auf sich hat. Was mit dem so häufig missverstandenen „Ehren" denn ursprünglich gemeint war. Und nicht zuletzt, was man sich unter der eigenartigen Verheißung am Schluss des Gebots vorzustellen hat, wonach „du lange lebest und dir's wohlgehe in dem Lande, das dir der Herr, dein Gott, geben wird". Dazu halten wir aufgeschlagene Bibel wie immer griffbereit.

2. Ein anderer Umgang miteinander

„Du sollst deinen Vater und deine Mutter ehren." Merkwürdig, wie selbstverständlich allenthalben angenommen wird, dass es sich bei diesem „Du" natürlich nur um *Kinder* handeln könne. So behauptet etwa der offizielle Katechismus der katholischen Kirche, dass dieses Gebot „sich ausdrücklich an die Kinder" wende. So als könnten nicht auch erwachsene Menschen noch lebende Eltern haben, die es zu ehren gelte. Guckt man sich den Text der ganzen Zehn Gebote einmal an, so wird einem rasch klar, dass gerade Kinder *nicht* gemeint sein können. Haben etwa Kinder Söhne und Töchter, Knechte und Mägde, Acker und Vieh? Ist etwa von ihnen zu erwarten, dass sie ihres Nächsten Haus oder gar Frau begehren? Wir müssen diese absurden Fragen so klar stellen, um jenen Missverständnissen auf die Spur zu kommen. Nein, das Elterngebot gilt offensichtlich *er-*

wachsenen Menschen. Genauer gesagt: erwachsenen Männern mit Land und Viehbesitz. Wenn es um *deren* Eltern geht, kann hier mit „Vater und Mutter" also nur die ältere Generation der damaligen Zeit gemeint sein. Was wissen wir über sie?

Um es gleich zu sagen: nicht sehr viel Erfreuliches. Sicher, man lebte als alter Mensch nach der Phase der Arbeit weiter im Verbund der Großfamilie. Unter einem Dach mit Knechten, Mägden und gelegentlichen Fremdarbeitern. Hier erhielt man bis an sein Lebensende Obdach und Versorgung und irgendwann vielleicht auch eine angemessene Bestattung. Doch scheint dieses System eines Mehrgenerationenhauses nicht immer funktioniert zu haben. Wie anders ist es zu erklären, dass auffallend häufig die Mahnung auftaucht, die Alten nicht zu „schlagen" (2. Mose 21, 15), sie nicht zu „berauben" (Sprüche 28, 24) oder zu „unterdrücken" (19, 26), sie nicht zu „verachten" (Hesekiel 22, 7) oder zu „verspotten" (Sprüche 30, 17), ihrer nicht zu „fluchen" (21, 17) oder sie am Ende gar zu „vertreiben" (19, 26). Der Hintergrund eines solch rigiden Umgangs mit der älteren Generation ist wohl der, dass in Zeiten wirtschaftlicher Not, etwa infolge einer Missernte, die Menschen, die sich nun einmal nicht mehr produktiv am Arbeitsprozess beteiligen konnten, als Ballast empfunden wurden. Als überflüssige Mitesser, die das Überleben der gesamten Sippschaft gefährden konnten. Eine Altersversorgung, wie sie uns in einem modernen Sozialstaat als selbstverständlich erscheint, gab es nicht. Altwerden war in Israel wahrhaftig „nichts für Feiglinge".

In diese Situation hinein ruft das fünfte Gebot in unmissverständlicher Klarheit, dass die Alten eben zu *„ehren"* sind. Die wörtliche Bedeutung des hebräischen Ursprungswortes lautet eigentlich: jemandem „sein Gewicht lassen". Statt von Gewicht würden wir wohl heute am ehesten von Würde sprechen. Es geht bei „ehren" also zunächst um eine bestimmte *Haltung* der älteren Generation gegenüber. Man könnte sie wohl am besten mit *Respekt* bezeichnen. „Vor einem grauen Haupt sollst du aufstehen und die Alten ehren", heißt es beispielsweise (3. Mose 19, 32). Oder noch anschaulicher: „Nimm dich deines Vaters im Alter an und betrübe ihn ja nicht, solange er lebt; und habe Nachsicht mit ihm, selbst wenn er kindisch wird" (Sirach 3, 12f). Respekt den Alten gegenüber ist aber nicht nur eine Frage der Haltung, sondern auch des *Verhaltens*. Wenden wir die genannten rigiden Umgangsformen einmal ins Positive, dann ergibt sich daraus unschwer die Pflicht zu materieller Versorgung und einem sicheren Obdach, ja zu einem grundsätzlich wertschätzenden und gewaltfreien Miteinander. Auch wird man dazu am Ende wohl eine würdevolle Bestattung zählen dürfen, wie sie verschiedentlich beschrieben wird (vgl. zum Beispiel 1. Mose 25, 8-10).

Gewiss hat sich damit der Aspekt des Gehorsams den Eltern gegenüber nicht ganz in Luft aufgelöst. Aber er hat nun einen etwas anderen Klang, wenn es etwa heißt: „Höre, mein Sohn, auf die Unterweisung durch deinen Vater, und verwirf nicht die Weisung deiner Mutter, denn sie sind ein schöner Kranz für dein Haupt und eine Schmuckkette für deinen Hals" (Sprüche 1, 8f). Hier schwingt mehr die Achtung vielleicht auch vor der Lebensweisheit der Alten mit. Das ganze Buch der Sprüche Salomo etwa ist randvoll mit erfahrungsgesättigten Einsichten, die eben von Generation zu Generation weitergegeben werden. Dass „Gehorsam" nicht das einzige und schon gar nicht das letzte Wort im Verhältnis der jüngeren zur älteren Generation ist, zeigt sich nicht zuletzt in einer auffallenden „Umkehrung" des erzieherischen Gefälles ausgerechnet in den beiden neutestamentlichen Texten, die wir zuvor als eher problematisch angesehen haben, wenn es – nach der Aufforderung an die Kinder zum Gehorsam – dort etwa heißt: „Ihr Väter, reizt eure Kinder nicht zum Zorn“ (Epheser 6, 4) oder: „Erbittert eure Kinder nicht, damit sie nicht mutlos werden“ (Kolosser 3, 21). Das klingt nun schon fast nach moderner Pädagogik.

So erklärt sich dann auch jener merkwürdige Schluss dieses Gebots: „... auf dass du lange lebest und dir's wohl gehe in dem Lande, das dir der Herr, dein Gott, geben wird“. Merkwürdig insofern, als man dieses „Wohlgehen“ nach einfacher Logik eigentlich auf die Alten, die respektvoll zu behandeln sind, beziehen möchte: *Ihnen* soll es ja gemäß dem Gebot besser gehen. Aber erstaunlicherweise bezieht sich das Wohlergehen auf das „Du“, also in diesem Fall auf die den Alten nachfolgende jüngere Generation. *Ihr* soll es mit Befolgen dieses Gebots besser gehen: „... auf dass *dir's* wohlgehe“. Vielleicht steht dahinter die nüchterne Lebenserfahrung: Die Art und Weise, wie ich als erwachsener Mensch heute mit meinen alt gewordenen Eltern umgehe, wirkt sich auf das ganze soziale Klima so aus, dass ich auch *selbst* im Alter davon profitiere, wenn meine Kinder einmal für mich zu sorgen haben. Man könnte auch ganz schlicht sagen: Ein respektvoller Umgang miteinander tut am Ende eben *beiden* gut.

„... in dem Lande, das dir der Herr, dein Gott, geben wird.“ Nach den bedrückenden Erfahrungen der Knechtschaft und den unsäglichen Entbehrungen in der Wüste ist dieses Land offensichtlich mehr als nur ein Stück Territorium zum Zwecke der Sesshaftwerdung. Es ist – wir wiederholen uns da gerne – ja das Land der *Freiheit*, also ein grundsätzlich *anderes* Land, das hier verheißen wird. Ein „gutes und weites Land, ein Land, darin Milch und Honig fließt" (2. Mose 3, 8). Eine, wenn man so will, grundsätzlich andere *Lebensmöglichkeit.* Die mit der Befreiung aus Ägypten einmal gewonnene Freiheit soll mit diesem Gebot für die Zukunft des Volkes bewahrt werden, indem sie von Generation zu Generation weitergegeben wird. Also: „Wer seine Mutter ehrt, der sammelt sich einen bleibenden Schatz. Wer seinen Vater ehrt, der wird auch Freude an seinen Kindern haben" (Sirach 3, 5f). Nicht immer ist im alten Israel diese neue, andere, befreiende Lebensmöglichkeit beherzt ergriffen worden. Aber das steht auf einem anderen Blatt.

3. Ein Menschenrecht mit Konsequenzen

„Wie lange hat sie das denn schon?" Der joviale Herr jenseits des großen Schreibtisches blickt Karin fragend an. Neben ihr sitzt ihre Mutter, die sie heute zum Arztbesuch begleitet. In letzter Zeit klagt die alte Dame zunehmend über Schlafstörungen. Nun sitzen sie zu dritt im Untersuchungszimmer. „Wie lange hat sie das denn schon?" So als sei Karins Mutter nicht ganz zurechnungsfähig oder gar nicht anwesend. Doch Karins Mutter ist – abgesehen von ein paar körperlichen Beschwerden – durchaus noch „gut dabei", wie man hier sagt. „Wenn Sie meine Mutter meinen, so können Sie ruhig mit ihr selbst sprechen." Karin spürt, wie es sie doch eine innerliche Anstrengung kostet, gegenüber dem Doktor hinter dem Schreibtisch diese Zivilcourage aufzubringen.

Wer mit alten Menschen zu tun hat, wird von mannigfachen Umgangsformen berichten können, die von einer ähnlichen Respektlosigkeit zeugen. Da werden betagte Menschen distanzlos mit „Du“ angeredet. Da hört man häufig ein vereinnahmendes, vermeintlich vertrauliches „Wir“: „Na, wie geht's uns denn heute?“ Da hält man es – etwa in einem Pflegeheim – nicht für nötig, vor Betreten eines Zimmers anzuklopfen. Da wird vielleicht halb scherzhaft, halb im Ernst – wer vermag das schon zu unterscheiden? – getadelt, dass „wir heute mal wieder den Teller nicht aufgegessen haben“. Der vom Elterngebot eingeforderte Respekt der älteren, nicht mehr am allgemeinen Produktionsprozess beteiligten Generation gegenüber ist in unserer Gesellschaft offenbar alles andere als selbstverständlich. Betuliche Anreden, herablassende Gesten und Gebärden, entmündigende Kommunikationsformen – es ist in der Tat zunächst eine Frage der *Haltung*.

Es ist aber dann vor allem, wir erinnern uns, eine Frage des *Verhaltens*. Folgt man den einschlägigen Untersuchungen, so scheint sich jedenfalls an jenen in der Bibel angedeuteten rigiden Umgangsformen bis heute nichts Wesentliches geändert zu haben. Ganze wissenschaftliche Studien beschäftigen sich allein mit dem Thema „Gewalt gegen Alte“ – von lieblosem Umgang mit Beschimpfungen und Beleidigungen über bewusstes Alleinlassen und pflegerisches Vernachlässigen bis hin zu direkter körperlicher Gewalt. Für jede einzelne aus jener Zeit bezeugten repressiven Verhaltensweisen der älteren Generation gegenüber – „schlagen“, „berauben“, „unterdrücken“, „verachten“, „verspotten“, „fluchen“, „vertreiben“ – könnte man unschwer aktuelle Beispiele nennen. Was Wunder, wenn sich nicht wenige Menschen im Alter irgendwie überflüssig vorkommen? Ein Anzeichen dafür scheint der immer häufiger geäußerte Wunsch nach einer anonymen Bestattung zu sein. Begründung: „Ich will ja niemandem zur Last fallen.“ In einem neueren geistlichen Lied heißt es: „Hilf, Herr meiner Tage, dass ich nie zur Plage meinem Nächsten bin.“ Die etwas verunglückte Grammatik dieser Bitte scheint ein Symptom für deren unglückliche Aussage zu sein: um Himmels willen niemandem zur Last fallen. Wie schrecklich wäre das denn.

Doch genau das mutet uns das Elterngebot zu. Es gehört zur biblischen Humanität, dass „einer des anderen *Last* trage“ (Galater 6, 2). Der alt gewordene, der „unproduktive“, der gebrechliche Mensch hat um der Menschenliebe Gottes willen ein *Recht* auf einen würdigen Umgang. Er hat ein Recht auf Respekt, ein Recht auf auskömmliche finanzielle Verhältnisse, ein Recht auf ein soziales Umfeld, ein Recht auf eine angemessene medizinische Versorgung und im Bedarfsfall auf eine liebevolle Pflege, ein Recht auf einen Abschied in Würde. Im Mitteilungsblatt einer großen deutschen diakonischen Einrichtung war vor einigen Jahren zu lesen: „Diese Menschen, die in vielen Fällen zwei Weltkriege durchlitten, Flucht und Vertreibung erlebt und unser Land zweimal wieder aufgebaut haben, haben einen Anspruch auf einen gesicherten Ruhestand.“ Was für eine merkwürdige, unbiblische Begründung. So als müsse man sich solch einen Anspruch durch das, was man im Leben erlitten und geleistet hat, erst einmal verdienen. Das fünfte Gebot formuliert indes ein Menschenrecht, das ohne Ansehen der Person zu gelten hat. Das ist das Befreiende an ihm.

Es formuliert dieses Menschenrecht konkret im Hinblick auf solche Menschen, die – nicht nur in der damaligen Zeit – aufgrund ihres Alters von Ausgrenzung bedroht sind. Doch man geht gewiss nicht fehl, wenn man die Intention dieses Gebots im Hinblick auf *alle* marginalisierten Menschen weiterschreibt. Die in der Bibel immer wieder bezeugte vehemente Parteinahme Gottes für die Schwachen, die Verachteten, die Unterdrückten, die am Rande der Gesellschaft Befindlichen nötigt geradezu zu dieser erweiterten Perspektive. Als Geschöpf Gottes hat jeder Mensch – egal ob jung oder alt, gesund oder krank, leistungsstark oder beeinträchtigt – ein selbstverständliches Recht auf ein Leben in Würde. Ja, man kann das Elterngebot geradezu als eine Art „Magna Charta" eines humanen gesellschaftlichen Miteinanders bezeichnen.

So gewinnt am Ende jener merkwürdig erscheinende Schluss des Gebots einen plausiblen sozialen, ja vielleicht sogar politischen Sinn: „... auf dass du lange lebest und dir's wohl gehe in dem Lande, das dir der Herr, dein Gott, geben wird." Einer gesellschaftlichen Gnadenlosigkeit, die das Schwache, das Unproduktive, das Gebrechliche, das Behinderte an den Rand schiebt und am Ende womöglich von vornherein verhindern will, einer solchen Gnadenlosigkeit setzt das Elterngebot ein unmissverständliches „Halt!" entgegen: Stellvertretend für viele ähnlich Betroffene sollst du „deinen Vater und deine Mutter" *ehren*, ihnen „ihr Gewicht lassen". Das fünfte Gebot hat ein grundsätzlich anderes, ein grundsätzlich solidarisches, ein für alle befreiendes gesellschaftliches Klima im Blick. Junge Leute, die etwa mit beeinträchtigten Menschen begleitend und fördernd zusammenarbeiten, berichten immer wieder davon, dass solch eine Arbeit für sie gar kein zu bewunderndes Opfer darstellt, sondern dass diese Arbeit ihnen *selbst*, wie sie sich ausdrücken, „sehr viel bringt". Ja, auch *„dir"*, der du dem Elterngebot Folge leistest, soll es dadurch „wohlgehen". Im „Ehren", im „jemandem seine Würde lassen" geht es um eine Solidarität, die am Ende *allen* zugutekommt. Welche persönlichen und sozialpolitischen Konsequenzen das hat, darüber wird man dann im Einzelnen sicher wacker streiten müssen. Wenn die grundsätzliche Haltung stimmt, dürfte es allerdings nicht so schwer sein, aus solch einer Haltung auch ein angemessenes Verhalten und gegebenenfalls auch rechtliche Rahmenbedingungen und organisatorische Strukturen abzuleiten. Ob wir dieses dann auch beherzt in die Tat umsetzen, steht allerdings – ähnlich wie im alten Israel – noch einmal auf einem anderen Blatt.

VIII. „NICHT TÖTEN“

Vitale Fantasie für das Leben

1. „Basta“?

„Mörder.“ „Terroristen.“ „Geiselnehmer, die völlig unbeteiligte Personen abmurksen.“ „Einbrecher, die einen unschuldigen Bewohner killen.“ „Soldaten, wenn sie ein Land überfallen.“ „Der Kinderschänder, der letztens ein Mädchen umgebracht hat.“ „Überhaupt diese ganzen Schwerverbrecher im Gefängnis.“ Den Kindern im Konfirmandenunterricht fällt es nicht schwer, Beispiele zu nennen. Momentan sind gerade die Zehn Gebote dran. Heute: „Du sollst nicht töten.“ Pfarrer Berkemeier hat die Frage gestellt, wer mit diesem Gebot eigentlich gemeint sein könne. Die einhellige Meinung in der Runde: Mörder und „diese ganzen Schwerverbrecher im Gefängnis“. Wir jedenfalls nicht. Pfarrer Berkemeier könnte es sich nun leicht machen und sagen: „Gut, dann haben wir das geklärt und können zum folgenden Gebot übergehen. Wir sehen uns nächste Woche wieder.“

Doch Berkemeier entschließt sich, einen anderen Weg zu gehen. Er erzählt von einer Bekannten, die es strikt ablehnt, Fleisch zu essen. Begründung: „Du sollst nicht töten.“ In der

Bibel stünde ja schließlich nicht dabei, dass es nur um Menschen gehen solle, die man nicht töten dürfe. „Was meint ihr? Hat die Frau recht?" – „Wenn das so ist, dann werde ich jede Nacht zum Killer, nur weil ich irgendeine Mücke an die Wand klatsche", wirft Leon spöttisch ein. Großes Gelächter. „Wieso nur Menschen und Tiere?", mischt sich nun Sara in die aufkommende Debatte. „Pflanzen sind schließlich auch Lebewesen. Vielleicht kommt mein Papa demnächst in den Knast, weil er neulich in unserem Garten einen Pflaumenbaum umgelegt hat." Aber das geht anderen nun doch zu weit. Man könne Menschen schließlich nicht mit Mücken oder Obstbäumen auf eine Stufe stellen. So geht es her und hin. Pfarrer Berkemeier ist für seine aufgeschlossenen religionspädagogischen Methoden bekannt. Diskussionen und eigene Meinungen gehören für ihn zur Selbstverständlichkeit eines gelungenen Unterrichts.

Wir wissen nicht, wie Pfarrer Berkemeier diese Konfirmandenstunde noch hinbekommen hat. Tatsache ist jedenfalls, dass das biblische Tötungsverbot in auffallender Weise für die Bewältigung der unterschiedlichsten Probleme herhalten muss: Ob Krieg, Todesstrafe, Abtreibung, aktive Sterbehilfe oder Suizid, ob Umweltzerstörung, Kernenergie, Nord-Süd-Konflikt, Arm-Reich-Gefälle oder Massentierhaltung – nicht selten flackert in den einschlägigen Diskussionen irgendwann ein moralisch hochaufgeladenes „Du sollst nicht töten!" auf. Auffallend ist auch, dass mit Berufung auf jenes Gebot immer wieder merkwürdige Widersprüche zutage treten. So haben manch strikte Abtreibungsgegner augenscheinlich wenige Probleme mit den Einsätzen der Bundeswehr in Afghanistan oder gar mit einer atomaren Aufrüstung. Andere, die etwa bei einem Ostermarsch wacker für Abrüstung und Frieden auf die Straße gehen, können an einer sogenannten aktiven Sterbehilfe nichts grundsätzlich Verwerfliches finden. Kann sich denn bei diesem – von den meisten Menschen ausgerechnet als „das wichtigste“ angesehenen – Gebot jeder heraussuchen, was es mit dem „Töten“ auf sich hat?

Oder liegt es an dem Gebot selbst? Im Unterschied zu den vorherigen ist ja sein Wortlaut überaus knapp gehalten. Kein Objekt (wie zum Beispiel bei „Vater und Mutter“), keine weiteren Begründungen (wie zum Beispiel beim Sabbatgebot), keine bedrohlichen Andeutungen über die Folgen (wie zum Beispiel beim Bilderverbot). Auch die nächsten beiden Gebote sind in dieser Hinsicht ähnlich sparsam in ihrer Aussage: „Du sollst nicht ehebrechen“ und „Du sollst nicht stehlen“. Sie machen allesamt den Eindruck, als ob es in diesen Angelegenheiten nichts weiter zu erklären, zu begründen oder gar zu verhandeln gebe. „Basta!“, würde ein ehemaliger Bundeskanzler wohl an dieser Stelle sagen. Wissenschaftler sprechen in diesem Zusammenhang von apodiktischen Rechtssätzen. Gebote, die kein Abwägen oder gar einen Einwand dulden und unabhängig von irgendwelchen Umständen ohne Wenn und Aber zu gelten haben. „Du sollst nicht töten!“ Punktum.

Aber gerade mit solch einer vermeintlichen Allgemeingültigkeit scheint auf der anderen Seite der Vieldeutigkeit Tor und Tür geöffnet zu sein. Konnte man etwa bei „Vater und Mutter“ noch ziemlich genau herausfinden, um welche Personen und welche damit verbundenen Probleme es überhaupt geht, so scheint das bei den apodiktischen Geboten wesentlich schwieriger zu sein – es sei denn, man stellte die Tötung eines Menschen tatsächlich auf eine Stufe mit der Erledigung einer lästigen Mücke. Oder nennte eine vorzeitige Schwangerschaftsunterbrechung in einem Atemzug mit dem Holocaust. Es hilft nichts, wir müssen uns – wieder einmal – die Mühe machen und ein wenig intensiver in die Bibel schauen. Dass das einigermaßen Erfolg versprechend ist, davon waren zumindest die Reformatoren fest überzeugt. Einer ihrer Grundsätze lautete nämlich: „Die Heilige Schrift legt sich selbst aus" (scriptura sacra ipsius interpres). Das heißt, wenn man irgendeine Stelle in der Bibel nicht versteht, muss man nur lange genug in den übrigen Texten suchen, um Klarheit zu gewinnen. Auch wir haben mit diesem Grundsatz bislang immerhin keine schlechten Erfahrungen gemacht. Sodass wir einmal mehr gespannt sein dürfen, wohin uns das im Tötungsverbot Gemeinte am Ende wohl führen mag.

2. Radikaler geht es kaum

Was ist in dem Gebot „Du sollst nicht töten" überhaupt mit Töten gemeint? Das an dieser Stelle stehende hebräische Wort („rasach") ist nur eins von vielen hebräischen Wörtern, die man mit „töten" übersetzen kann. Es ist so ähnlich wie im Deutschen, wo wir ja auch eine Reihe von sinnverwandten Wörtern kennen: „umbringen", „ermorden", „totschlagen", „vernichten", „kaltmachen" oder „zur Strecke bringen", wenn es etwa um das Töten von Menschen geht. Während wir etwa bei Tieren von „schlachten", „keulen" oder „erlegen" reden. Dass zum Beispiel die Rechtsprechung sehr genau zwischen Mord und Totschlag unterscheidet, deutet bereits darauf hin, dass es mit dem Etikett „töten" allein noch nicht getan sein kann. Man muss im Einzelfall schon sehr genau hinsehen, um was für eine Art Töten es sich jeweils überhaupt handelt. Töten ist eben nicht immer gleich Töten. Sonst wäre ja ein fahrlässiger Verursacher eines tödlichen Autounfalls von vornherein mit einem vorsätzlichen Mörder gleichzusetzen. So strafwürdig eine grobe Fahrlässigkeit zweifellos auch ist, ein krimineller Vorsatz ist doch noch einmal etwas anderes.

Die Bibel kennt eine Fülle verschiedener Begriffe, wenn es um das Thema Töten geht. „Rasach" ist nur einer von ihnen. Und wenn man sich die verschiedenen Stellen, in denen er verwendet wird, einmal ansieht, so wird rasch klar, dass dieses Wort nicht jedwedes, sondern nur ein bestimmtes Töten meint, nämlich vor allem die *gewaltsame und vorsätzliche Ermordung* eines Menschen. „Wenn der Tag anbricht", so heißt es etwa bei Hiob, „steht der Mörder auf und tötet den Elenden und Armen" (Hiob 24, 14). Und der Psalmist beklagt, dass „die Übeltäter Witwen und Fremdlinge umbringen und die Waisen töten" (Psalm 94, 6). Während der Prophet Hosea die untreuen und korrupten Priester seiner Zeit mit Räubern vergleicht, die „auf dem Wege, der nach Sichem geht, morden" (Hosea 6, 9). In einigen Texten taucht das Wort „rasach" allerdings auch im Zusammenhang eines unbeabsichtigten Tötens auf, etwa wenn einem bei der Arbeit die Axt ausgerutscht ist und ein anderer dabei zu Tode kommt (vgl. 5. Mose 19, 4-7). Wenn es im Gebot nun heißt „Du *sollst nicht ...*", so kann damit logischerweise nur das erstgenannte, also das *willentliche* Töten gemeint sein.

Dabei ist es offenbar unerheblich, ob ich bei solch einem Töten selbst Hand anlege oder einen anderen machen lasse. Das wird an einer erschütternden Geschichte eindrucksvoll demonstriert (vgl. 1. Könige 21). Da wird von einem Mann namens Nabot berichtet, der einen Weinberg besitzt. Dummerweise liegt dieser in unmittelbarer Nähe des Königspalastes. Ahab, der König, geht nun auf Nabot zu und macht ihm ein scheinbar faires Angebot: „Gib mir deinen Weinberg; ich will mir einen Kohlgarten daraus machen, weil er so nahe an meinem Hause liegt. Ich will dir einen besseren Weinberg dafür geben oder, wenn dir's gefällt, will ich dir Silber dafür geben, so viel er wert ist." Nabot indes lehnt höflich ab, da es sich um „das Erbe meiner Väter" handelt. Missmutig legt sich daraufhin der König ins Bett. Isebel, seine Frau, indes ermutigt ihn, nicht so schnell aufzugeben. Im Namen ihres Mannes veranlasst sie ein Gerichtsverfahren gegen Nabot, in dem, wie es heißt, „ruchlose Männer" mit der Behauptung auftreten, er habe Gott und den König gelästert. Nabot wird daraufhin zum Tode verurteilt und gesteinigt. „Als Ahab hörte, dass Nabot tot war", heißt es, „stand er auf, um hinabzugehen zum Weinberge Nabots und ihn in Besitz zu nehmen." Hier könnte die Geschichte zu Ende sein. Es gibt unzählig viele Geschichten, die – leider – so enden. Doch nun tritt mit einem Mal im Namen Gottes der Prophet Elia auf. Er geht zum König und sagt ihm kurz und bündig ins Gesicht: „Du hast gemordet" (rasach). Und das, obwohl Ahab selbst keine Hand an Nabot gelegt hat. Das Tötenlassen beziehungsweise indirekte Töten wird also gleich wie das eigenhändige Töten gewertet. Ein Aspekt, der uns bei der Frage, welche Bedeutung das Gebot für uns haben könnte, noch beschäftigen wird.

Interessant, dass Jesus im Neuen Testament noch einen Schritt weitergeht. In der Bergpredigt lesen wir: „Ihr habt gehört, dass zu den Alten gesagt ist: Du sollst nicht töten; wer aber tötet, der soll des Gerichts schuldig sein. Ich aber sage euch: Wer mit seinem Bruder zürnt, der ist des Gerichts schuldig; wer aber zu seinem Bruder sagt: Du Nichtsnutz!, der ist des Hohen Rats schuldig; wer aber sagt: Du Narr!, der ist des höllischen Feuers schuldig" (Matthäus 5, 21f). Die Wörter, die Luther hier mit „Nichtsnutz" beziehungsweise „Narr" übersetzt, galten wohl in der damaligen Zeit als Beleidigung. Deutlich wird: Nicht nur Taten oder mörderische Befehle, sondern auch Worte können manchmal töten, nicht nur den Ruf, sondern auch die Existenz eines Menschen vernichten. Folgerichtig legt der Heidelberger Katechismus das Tötungsverbot so aus: „Ich soll meinen Nächsten weder mit Gedanken noch mit Worten oder Gebärden, erst recht nicht mit der Tat, auch nicht mithilfe anderer schmähen, hassen, beleidigen oder töten" (Frage 105). Insofern geht es bei diesem Gebot auch um die *„Wurzel"* des Tötens, also um Neid, Hass, Zorn und Rachgier als einem gewissermaßen „heimlichen Töten" (Frage 106). Manch ein vermeintlicher Pazifist wird sich von solch einer radikalen Deutung des biblischen Tötungsverbots eine gehörige Scheibe abschneiden können.

Ob nun direkt oder indirekt, ob mit Taten, Worten, Gedanken oder Gebärden – in jedem Fall geht es bei „rasach" also um das vorsätzliche Töten eines anderen Menschen. Für alle anderen Arten des Tötens verwendet das Alte Testament andere Begriffe, etwa für das Töten im Krieg, das Töten von Tieren, die Vollstreckung der Todesstrafe oder die Selbsttötung. Nicht zuletzt auch da, wo von Gott als einem, der tötet, die Rede ist. Über alle diese Fälle müsste noch einmal gesondert nachgedacht werden. Nun darf man allerdings nicht dem Kurzschluss erliegen, dass das Gebot „Du sollst nicht töten", nur weil es zunächst einen ganz bestimmten Tötungsvorgang im Blick hat, nicht auch etwas Grundlegendes zur *gesamten* Thematik des Tötens zu sagen hat. Man kommt dem aber wohl nur auf die Spur, wenn man – wie auch sonst – immer wieder nach der eigentlichen *Intention* dieses Gebots fragt. Man kann in aller Kürze sagen: Wer einen anderen Menschen willentlich tötet, also Leben gewaltsam vernichtet oder auch nur infrage stellt, stellt sich damit gegen Gott selbst. Und zwar gegen den Gott, der in seiner Schöpfung nichts anderes als das *Leben* will und dem Menschen sogleich den Auftrag gibt, diese lebendige Schöpfung um seinetwillen zu „bebauen und zu bewahren" (1. Mose 2, 15). Die Botschaft des „Du sollst nicht töten" lautet also positiv gewendet schlicht: Schütze und bewahre das Leben! Und also in Erinnerung an die Präambel: Befreie das Leben von aller Bedrohung, Gefährdung und Vernichtung!

Was für ein weites, schönes Feld tut sich mit einer solchen Perspektive auf! Wer dem Gebot „Du sollst nicht töten" folgt, ist aufgerufen, dem Leben zu dienen. Wir werden uns mächtig disziplinieren müssen, um auch nur annähernd anzudeuten, was das alles für uns bedeuten kann.

3. Alle Hände voll zu tun

Pfarrer Berkemeier hätte mit seiner Konfirmandenstunde schnell durch sein können. „Du sollst nicht töten." Das geht ja vor allem „diese ganzen Schwerverbrecher im Gefängnis" an, die Mörder, Totschläger und Terroristen. Mich jedenfalls nicht. Habe ich etwa einen Menschen umgelegt? Habe ich etwa ein Kind missbraucht und erwürgt? Habe ich etwa Unschuldige in die Luft gesprengt? Komm, lass uns rasch über andere Themen reden ... Doch so schnell entlässt Pfarrer Berkemeier seine Konfirmanden nicht aus dieser Stunde. Didaktisch versiert, wie er nun einmal ist, eröffnet er mit einem einfachen Beispiel aus dem täglichen Leben ein neues Nachdenken über ein Gebot, das man vermeintlich schnell „abhaken" kann. Wir sollten es ihm nachtun.

Kein Zweifel: „Du sollst nicht töten“ verbietet zunächst jede direkte Form des Totschlags und Mordes. Kein Mensch auf der Welt hat das Recht, einem anderen das ihm von Gott geschenkte Leben gewaltsam zu nehmen. Mit Recht verbürgt selbst das Grundgesetz jedem „das Recht auf Leben und körperliche Unversehrtheit“ (Artikel 2). Deshalb ist es nur folgerichtig, wenn unsere Rechtsprechung jedwedes willentliche und gewaltsame Töten eines anderen Menschen als Kapitalverbrechen ahndet. Auch Jesus weist ja darauf hin, dass „wer tötet, der soll des Gerichts schuldig sein“. Dass dann bei der Bemessung einer Strafe im Einzelfall gegebenenfalls mildernde Umstände in Betracht gezogen werden können, ändert nichts an der Grundtatsache, dass es sich zunächst einmal um die Beendigung eines menschlichen Lebens handelt, die uns nicht zusteht.

Doch bereits das Beispiel aus der Geschichte um Nabots Weinberg zeigt, dass das Tötungsverbot auch Vorgänge im Blick hat, bei denen sich der Mörder augenscheinlich gar keine schmutzigen Hände macht. So tauchte etwa im Zusammenhang mit den nach dem Zweiten Weltkrieg geführten Prozessen gegen Beamte des ehemaligen NS-Regimes der Begriff des „Schreibtischtäters“ auf. Gemeint waren damit Männer, die sozusagen vom grünen Tisch aus für die Planung und Logistik der Deportation von Juden in die Vernichtungslager verantwortlich waren. Durchweg waren sie sich keiner Schuld bewusst, hatten sie doch niemanden persönlich getötet. Adolf Eichmann etwa, der berüchtigtste unter ihnen, beharrte bis zum Schluss darauf, zumindest im juristischen Sinne unschuldig zu sein. Vom Reichsführer SS Heinrich Himmler, einem der Hauptverantwortlichen für die Vernichtung des europäischen Judentums, wird berichtet, dass ihm schon vom Anblick der Leichen in den Konzentrationslagern regelmäßig schlecht geworden sei. Wenn es um das indirekte Töten ging, konnten manche dieser Männer offenbar keiner Fliege etwas zuleide tun. Und dennoch muss man auch ihnen mit dem Propheten Elia ins Gesicht sagen: „Du hast gemordet."

Ohne die ungeheuerlichen Massenmorde der Nationalsozialisten auch nur mit einer Silbe zu relativieren, ist zu fragen, ob man das „Du hast gemordet" in heutiger Zeit nicht auch einem westlichen Lebensstil entgegenhalten muss, der mit einem völlig überzogenen Konsumverhalten Millionen von Menschen in aller Welt mehr und mehr die natürlichen Lebensgrundlagen entzieht. Schon Luther vermerkt zum Tötungsverbot: „Wenn du nun einen Nackten lässt gehen und könntest ihn kleiden, so hast du ihn erfrieren lassen. Siehst du jemand Hunger leiden und speisest ihn nicht, so lässt du ihn Hungers sterben. ... Darum heißt auch Gott billig die alle Mörder, so in Nöten und Gefahr Leibes und Lebens nicht raten noch helfen." In Anbetracht der bekannten Hintergründe des weltweiten Hungers schrieb der weitgereiste Theologe und Autor Hans A. de Boer vor Jahren: „Wir lassen absichtlich Millionen Menschen verhungern." *Absichtlich!* Ein Kennzeichen des Mordes ist – wir erinnern uns – der Vorsatz. Man kann also zum Mörder werden, ohne sich die eigenen Hände schmutzig zu machen. In einem Lied von Ernst Lange heißt es:

> „Solange Menschen hungern
> und dürsten auf der Welt,
> solang' die Dummheit Macht hat
> und Krieg die Völker quält,
> solange Kinder weinen
> in irgendeinem Land,
> bin ich des Bruders Hüter,
> ist Blut an meiner Hand."

Und weiter: Muss man Elias „Du hast gemordet“ nicht all den Staaten, so auch dem unsrigen, entgegenhalten, die mit ihren Waffenexporten Regierungen unterstützen, die mit genau diesen Waffen Menschen niederstrecken, die einfach nur anderer Meinung sind als sie? Muss man es nicht einer ganzen gegenwärtigen Generation entgegenhalten, die mit ihrem unverantwortlichen Energieverbrauch das Klima anheizt, mit ihrem hemmungslosen Einsatz von Unkraut- und Insektenvernichtungsmitteln schon jetzt ganze Landstriche verseucht und zum Aussterben ganzer Tierarten beiträgt, die mit ihrer massenhaften Plastikproduktion Flüsse, Seen und Meere zumüllt und mit einer letztlich unkontrollierbaren Atomindustrie nicht nur gegenwärtige, sondern vor allem künftige Generationen jeglicher Lebensperspektive beraubt? Ja, muss man jenes niederschmetternde „Du hast gemordet“ nicht heute schon jedem Einzelnen von uns ins Gesicht schreien?

Doch so unmissverständlich das Gebot „Du sollst nicht töten“ auch scheint, so kann es doch Situationen geben, in denen eine eindeutige Alternative: Töten oder Nichttöten, nicht mehr gegeben ist. Situationen, aus denen wir – wie auch immer wir entscheiden – nicht ohne „schmutzige Hände“ herauskommen, wir also allenfalls noch die Wahl zwischen zwei Übeln haben. Auch der radikalste Pazifist, der die Anwendung jeglicher Waffengewalt ablehnt, muss wenigstens zur Kenntnis nehmen, dass es Situationen gibt, in denen ein tödlicher Einsatz von Waffen größeres Blutvergießen verhindern kann. Um ein historisches Beispiel zu bemühen: Auch die Männer des 20. Juli waren sich durchaus darüber im Klaren, dass es sich bei ihrem geplanten Attentat auf Hitler um einen Verstoß gegen das Tötungsverbot handelte. Doch sie waren bereit, bewusst Schuld auf sich zu nehmen, um eine noch größere Schuld anderer zu verhindern. Dietrich Bonhoeffer, einer der damals Mitverantwortlichen, schrieb: „Jeder verantwortlich Handelnde wird schuldig." Und weiter: „Wer sich in der Verantwortung der Schuld entziehen will ... stellt seine persönliche Unschuld über die Verantwortung für die Menschen, und er ist blind für die heillosere Schuld, die er gerade damit auf sich lädt."

Ein schwieriges Problem. In der theologischen Wissenschaft spricht man hier von einem sogenannten „ethischen Komparativ". Das meint, dass es Situationen gibt, die nicht mit einem rigorosen Entweder-oder, sondern nur mit einem *Abwägen* dessen zu bewältigen sind, was die bessere, in unserem Fall also die lebensdienlichere Möglichkeit sein könnte. So haben zum Beispiel die evangelischen Kirchen in der ehemaligen DDR die Wehrdienstverweigerung als das „deutlichere Zeichen" für ein christliches Friedensengagement bezeichnet. Eine solch deutlichere Möglichkeit wäre dann, folgen wir dem Bonhoefferschen Ruf in die Verantwortung, allerdings auch, schwierigere Entscheidungen in die Tat umzusetzen, wohl wissend, dass man dabei auch Schuld auf sich laden kann. Wir leben eben – um es mit Worten der Theologischen Erklärung von Barmen zu sagen – „in einer noch nicht erlösten Welt". Und so kann es, wo das Tötungsverbot der Bibel verletzt wird, grundsätzlich keine Selbstrechtfertigung geben. Nur die Bitte um Vergebung.

So werden wir wohl nicht umhin können, die Probleme, in denen es auch heute noch um Leben und Tod geht, mit eben solch einem verantwortungsvollen Abwägen anzugehen. Etwa wenn es um den militärischen Einsatz der Bundeswehr geht oder den Waffengebrauch der Polizei, um Fragen einer Pränataldiagnose oder einer Schwangerschaftsunterbrechung oder die mitunter schwierige Grenzziehung zwischen aktiver und passiver Sterbehilfe. Was dient hier jeweils mehr und was weniger dem Leben? Mit einer moralisch lupenreinen Weste kommt aus solchen ethischen Konfliktsituationen wohl niemand heraus. Das Gebot, nicht zu töten, mutet uns aber auch manch selbstkritische Fragen zu: Wie gehen wir eigentlich mit unserer Ernährung, unserem Geld, unserem Auto, unserem Wasser- und Energieverbrauch, unserer Freizeit, unserem Urlaub, unserem Körper und unserer Seele um? In vielem lauert der schleichende Tod. Nicht als ein unvermeidliches Schicksal, sondern als Ergebnis unseres Verhaltens.

Doch dem Tötungsverbot geht es nicht nur darum, ein bestimmtes Verhalten zu *vermeiden*, also, wie Luther sagt, „unserm Nächsten an seinem Leib keinen Schaden noch Leid tun". Es geht ja vor allem darum, Möglichkeiten zu ergreifen, die das Leben *erhalten* und *fördern*. Konsequenterweise fragt der Heidelberger Katechismus: „Haben wir das Gebot schon erfüllt, wenn wir unseren Nächsten nicht töten?" (Frage 107). Antwort: „Nein." Das eigentliche Ziel des Gebots „Du sollst nicht töten" ist vielmehr, „dass wir unseren Nächsten lieben wie uns selbst, ihm Geduld, Frieden, Sanftmut, Barmherzigkeit und Freundlichkeit erweisen, Schaden, so viel uns möglich, von ihm abwenden, und auch unseren Feinden Gutes tun." Man könnte mit Albert Schweitzer also auch schlicht von der „Ehrfurcht vor dem Leben" reden. Nur aus solch einer Haltung heraus kann es dann zu einem lebensdienlichen und lebensfreundlichen *Verhalten* kommen.

Und wenn wir unseren Nächsten dann nicht nur in einem Menschen unserer unmittelbaren Umgebung, sondern auch in dem fernen und fernsten Nächsten erkennen, ja in allen anderen Mitgeschöpfen und nicht zuletzt auch in unserer armen geschundenen Erde, dann ist unserer vitalen Fantasie keine Grenze gesetzt. Einer Fantasie, die jeweils nach einer wenigstens weniger tödlichen, nach einer mindestens lebensbejahenderen Alternative Ausschau hielte. Allfällige Konflikte inbegriffen. Martin Luther meinte in dem Zusammenhang übrigens, dass wir allein damit „alle Hände voll zu tun" hätten. Wie so oft, wenn man seinen Katechismus aufschlägt, kann man es schwerlich besser sagen.

IX. „NICHT EHEBRECHEN“

Bleibende Botschaften aus einer fremden Welt

1. „Gott sei Dank, sie haben sich!“

„Du sollst nicht ehebrechen.“ Es gibt wohl kaum ein anderes unter den Zehn Geboten, das so aus der Zeit gefallen zu sein scheint wie dieses. Ganze Klatschspalten der Regenbogenpresse leben von nichts anderem als der genüsslichen Ausbreitung außerehelicher „Seitensprünge“, vornehmlich prominenter Personen. Der mitunter damit einhergehende leicht empörte Unterton ist voller Heuchelei. Aber er fördert das Geschäft. In Wahrheit jedoch scheint dieses Gebot kaum noch jemand ernst zu nehmen. Woran liegt das?

Wahrscheinlich an dem gewandelten Verständnis der Ehe selbst. Gehörte diese vor Generationen noch zur sozusagen selbstverständlichen Ausstattung einer bürgerlichen Existenz, so ist sie seit geraumer Zeit doch sehr in die Wetterfront verschiedenster Ansichten, Einstellungen, moralischer Erhebungen und kritischer Analysen geraten. Schon in Wilhelm Buschs berühmter „Knopp-Trilogie“ lesen wir:

„Oh wie lieblich, oh wie schicklich,
sozusagen herzerquicklich,
ist es doch für eine Gegend,
wenn zwei Leute, die vermögend,
außerdem mit sich zufrieden,
aber von Geschlecht verschieden,
wenn nun diese, sag' ich, ihre
dazu nötigen Papiere,
so wie auch die Haushaltssachen
endlich mal in Ordnung machen
und in Ehren und beizeiten
hin zum Standesamte schreiten,
wie es denen, welche lieben,
vom Gesetze vorgeschrieben,
dann ruft jeder freudiglich:
‚Gott sei Dank, sie haben sich!'"

Was sich hier, gezeichnet mit dem literarischen Pinselstrich feiner Ironie, nur andeutet, birgt eine Fülle von Spannungen, um nicht zu sagen: Widersprüchen, die einem schon beim ersten Blick auf das Gebot, die Ehe nicht zu brechen, sogleich ins Auge fallen. Hier die auffallendsten:

Einerseits haben wir es bei „Du sollst nicht ehebrechen" der Form nach mit einem sogenannten apodiktischen Gebot zu tun, das ohne Wenn und Aber eine Art zeitloser Gültigkeit zu beanspruchen scheint. Andererseits teilt uns die historische Forschung glaubhaft mit, dass es Zeiten gegeben hat, in denen die Ehe als Institution für viele Menschen gar nicht infrage kam, etwa bei dem armen Teil der mittelalterlichen Bevölkerung. Welchen Sinn sollte hier ein solches Gebot gehabt haben? Auch wird man darauf hinweisen dürfen, dass unsere gegenwärtige Gesellschaft inzwischen eine ganze Reihe von anderen Lebensformen als die einer klassischen Ehe kennt. Die sie für sich wählen, verwahren sich dagegen, immer wieder am Modell der Ehe gemessen und bewertet zu werden. Selbst der Gesetzgeber hat dieser gewandelten gesellschaftlichen Realität Rechnung getragen, etwa mit der Weiterentwicklung der bis dahin möglichen „eingetragenen Lebenspartnerschaft" zu einer sogenannten „Ehe für alle".

Einerseits scheint das Gebot Garant einer traditionellen Werteordnung zu sein, die sich offensichtlich wieder steigender Beliebtheit erfreut, wenn auch auf einer eher nostalgischen Ebene. Ganze Branchen verdienen mittlerweile ihr Geld mit „Wedding Planning & Design", nicht erst seit Roy Black schon vor Jahrzehnten dem Traum „Ganz in Weiß" nachgeschluchzt hat. Andererseits steht diesem wiederbelebten Ehe-Mythos die Tatsache einer überaus hohen Scheidungsrate entgegen, nicht selten eben wegen Ehebruchs. So viel zunächst einmal zum Realitätsgehalt der vielen vor dem Standesbeamten oder dem Traualtar gegebenen Treueschwüre, in guten wie in schweren Tagen beieinanderzubleiben, „bis dass der Tod uns scheidet".

Einerseits gilt und galt vor allem in christlichen Kreisen die Ehe als Ort einer geordneten Beziehung. Für Luther ist der, wie er es nennt, „Ehestand" von Gott selbst eingerichtet „nicht zur Büberei, sondern dass sie sich zusammen halten, fruchtbar seien, Kinder zeugen, nähren und aufziehen zu Gottes Ehren". Nach katholischem Verständnis ist vor allem die Sexualität auch heute noch auf die Ehe zwischen Mann und Frau „hingeordnet". Durch sie verwirkliche sich „der doppelte Zweck der Ehe: das Wohl der Gatten selbst und die Weitergabe des Lebens". Andererseits gibt es nicht wenige, die gerade solch eine geregelte Ordnung für überaus beziehungsschädlich halten. Sie tilge von vornherein jegliche Spannung, die gerade für ein gelingendes Miteinander von Mann und Frau wesentlich sei. In einem seiner visionären Lieder von einer anderen, menschlicheren Gesellschaft singt Wolf Biermann: „Kein Liebespaar wird uns mehr geschasst zu lebenslänglichem Eheknast."

Und nicht zuletzt: Wenn die Ehe einerseits als göttliche Ordnung, ja katholischerseits sogar als ein Sakrament, also als ein Mittel zur Erlangung der Gnade, oder evangelischerseits wenigstens als eine gute Schöpfungsgabe angesehen wird, warum haben sich andererseits so viele Große des Glaubens selbst nicht daran gehalten? Allen voran der Apostel Paulus. Von Jesus selbst ganz zu schweigen. Ja, könnte man nicht auch den römischen Zölibat, ohne spitzfindig zu sein, geradezu als eine Art Missachtung jener göttlichen Anordnung ansehen?

Wir haben also allen Grund, näher nachzufragen, was es mit der Ehe und demzufolge mit dem Gebot, sie nicht zu „brechen", in der Bibel überhaupt auf sich hat. Dabei werden wir, so viel sei vorweg gesagt, einmal mehr unsere bürgerlichen oder auch vermeintlich aufgeklärten Brillen für einen Moment ablegen müssen. Nicht zum ersten und auch nicht zum letzten Mal müssen wir uns zunächst auf eine vielleicht sehr fremde Welt einlassen. Nur dann mag es gelingen, in ihr Botschaften wahrzunehmen, die auch heute noch für eine vor Gott zu verantwortende Beziehung hilfreich, vielleicht sogar befreiend sein können.

2. Schutz eines sozialen Gefüges

Wer die Bibel nach dem Thema „Ehe“ absucht, wird zunächst einmal ziemlich enttäuscht. Das *Wort* „Ehe“ kommt im ganzen Alten Testament kein einziges, im ganzen Neuen Testament gerade ein einziges Mal vor (Hebräer 13, 4). Nun kann man natürlich sofort einwenden, dass das Thema Ehe ja wohl nicht an einer Vokabel hängen kann. Dass es schließlich um den *Sachverhalt* einer institutionalisierten Beziehung von Mann und Frau geht – heiße sie denn, wie sie wolle. Wird nicht schon im Alten Testament davon berichtet, dass zum Beispiel Abraham mit „seiner Frau“ nach Kanaan zog (1. Mose 12, 5)? Bietet nicht schon die Geschichte um seinen Sohn Isaak eine extrem lange Erzählung von der Brautwerbung Rebekkas (1. Mose 24)? Welchen Sinn sollte sie haben, wenn man hier nicht irgendeine Form von Ehe voraussetzen muss? Und gibt es nicht immer wieder eindrückliche Schilderungen von Hochzeiten, allen voran der von Kana, an der bekanntlich Jesus selbst teilgenommen hat (Johannes 2, 1-12)? In der Tat wäre es zu einfach, wollten wir uns beim Thema Ehe nur an bloßen Begriffen orientieren. Die Frage ist vielmehr: Gibt es Hinweise, die auf so etwas wie eine eheliche Institution schließen lassen?

Ja, die gibt es in der Tat. Aber sie sind nicht immer dazu angetan, uns eine Ehe „in unserem Sinne“ vor Augen zu führen. Doch Spuren, die auf eine rechtlich und institutionell geregelte Beziehung zwischen Mann und Frau hindeuten, gibt es durchaus. Dazu muss man sich klarmachen, dass im alten Israel die grundlegende soziale Einheit nicht die Beziehung zwischen Mann und Frau war, sondern die *Großfamilie*, die verschiedentlich als „Vaterhaus“ (z. B. 1. Mose 12, 1), gelegentlich auch als „Haus der Mutter“ (z. B. 1. Mose 24, 28) bezeichnet wird. Sie kann bis zu vier Generationen umfassen. Was das für den Umgang mit der dort lebenden älteren Generation bedeutet, haben wir im Nachdenken über das Elterngebot zu klären versucht. Außerhalb einer solchen Großfamilie war ein Leben oder auch nur Überleben jedenfalls praktisch nicht möglich. Das „Haus" bot Obdach, Versorgung und Schutz gegen Gefährdungen von außen. Zudem war es der Ort, an dem für die eigene Nachkommenschaft gesorgt werden konnte.

Was nun das Verhältnis von Mann und Frau angeht, so war es in der Regel so, dass ein Mann eine Frau aus einer anderen Großfamilie – wie es immer wieder heißt – „nahm" (z. B. 5. Mose 24, 5). Das deutet bereits darauf hin, dass es sich bei einer so begründeten Beziehung nicht um eine auf dem Prinzip der Gegenseitigkeit beruhenden Ehe in unserem modernen Sinne handelte, sondern schlicht um ein *Besitz*verhältnis. Das zehnte Gebot, auf das wir noch zu sprechen kommen werden, bestätigt das. Hier wird die Frau – neben „Haus, Acker, Knecht, Magd, Rind, Esel" – zum selbstverständlichen Hab und Gut des Mannes gezählt. War die Frau auch vorher schon in ihrer Ursprungsfamilie dem dortigen männlichen Oberhaupt untergeordnet, so wechselt sie mit Eintritt in die neue Großfamilie gewissermaßen nur den Besitzer. Auch die mitunter sehr ausführliche Schilderung eines Brautpreises (z. B. 1. Mose 29, 15-30) unterstreicht das. Einen Preis zahlt man, wo ein Gegenstand den Besitzer wechselt. Ab irgendeinem Zeitpunkt – wir kennen ihn nicht – wird der neu begründete Familienstand wohl auch mit einer Hochzeit begangen worden sein. Jedenfalls weisen bereits einige alttestamentliche Andeutungen (z. B. Richter 14, 10) und später etliche neutestamentliche Schilderungen (z. B. Matthäus 22, 1ff; 25, 1ff; Lukas 12, 35ff; Johannes 2, 1ff) darauf hin.

Man geht also nicht fehl, wenn man die „Ehe“ im alten Israel in erster Linie als eine Art *Zweckgemeinschaft* ansieht. Immerhin brachte diese für beide Seiten handfeste Vorteile mit sich. Für den Mann die Sicherung von Nachkommenschaft und eine zusätzliche Arbeitskraft im Haus. Für die Frau eine gesicherte Grundversorgung und auch einen gewissen Rechtsschutz. Für beide natürlich auch die Möglichkeit, Sexualität zu leben. Das schließt nicht aus, dass es unter den so Verbundenen nicht auch so etwas wie Liebe und Zuneigung geben konnte. Von Verlässlichkeit und Treue ganz zu schweigen. Aber das vorrangige Motiv einer ehelichen Verbindung war wohl eher wirtschaftlicher Natur und dem Bestreben geschuldet, die Sippschaft über den eigenen Tod hinaus zu erhalten. Es ist in dem Zusammenhang immerhin auffällig, dass sich die ausgiebigste Schilderung einer *erotischen* Liebe gar nicht auf Eheleute bezieht (vgl. Hohelied Salomos). Auch von Adam und Eva, denen ja ausdrücklich gesagt wird, sie würden „ein Fleisch sein“ (1. Mose 2, 24), ist nicht bekannt, dass sie verheiratet waren. Auch wenn kirchliche Trauagenden das bis auf den heutigen Tag behaupten.

Interessant, dass seinerzeit auch die *Scheidung* nicht nur durchaus üblich, sondern auch weitestgehend gesetzlich geregelt war. Gründe für die Beendigung einer Ehe konnten vielfältig sein. Für den Mann etwa die Kinderlosigkeit der Frau, irgendein unziemliches Verhalten ihrerseits oder auch nur, wenn sie nicht mehr „Gnade findet vor seinen Augen“ (5. Mose 24, 1), im Klartext: wenn er eine Schönere findet. Doch konnte durchaus auch die Frau eine Scheidung beantragen. Etwa bei einer sexuellen Impotenz, einer Unterhaltsverweigerung oder einer ekelerregenden Krankheit seinerseits. Wie auch immer – im Trennungsfall „entließ“ der Mann die Frau aus der ehelichen Verbindung, indem er ihr einen Scheidungsbrief ausstellte, der sie rechtlich schützte und die Möglichkeit einer Neuverheiratung bot. In der Mischna, einer uralten jüdischen Gesetzessammlung, heißt es dazu: „Nicht gleicht der Mann, der entlässt, der Frau, die entlassen wird. Denn die Frau wird entlassen, sie mag wollen oder nicht; der Mann aber entlässt seine Frau nur freiwillig."

Dieses – milde gesagt – unausgewogene Verhältnis zwischen Mann und Frau hatte die eine oder andere weitere „selbstverständliche" Besonderheit zur Folge. Etwa die, dass zum Beispiel lange Zeit die sogenannte Mehrehe (Polygamie) für den Mann nichts Außergewöhnliches war. Von einem gewissen Lamech heißt es schon zu Beginn der Bibel, dass er sich „zwei Frauen nahm" (1. Mose 4, 19). Der viel zitierte Erzvater Jakob ist mit Lea und Rahel (vgl. 1. Mose 29), der gottesfürchtige Elkana mit Hanna und Peninna (1. Samuel 1, 2) verheiratet. Von dem sagenumwobenen König Salomo sagte man sogar, dass er „siebenhundert Hauptfrauen und dreihundert Nebenfrauen" (1. Könige 11, 3) gehabt haben soll. Selbst wenn diese gigantischen Zahlen vielleicht eher eine symbolische Bedeutung haben sollten, zeigen sie doch, dass zumindest in weiten Teilen des Alten Testaments von einer sogenannten Einehe (Monogamie) als unbedingtes Maß aller ehelichen Beziehungen nicht die Rede sein kann. Auch die etwas befremdliche Erzählung über Abraham, der die Frage der Nachkommenschaft – auf Geheiß seiner Frau! – über den Beischlaf mit seiner Sklavin regelt, um sie danach allerdings in die Wüste zu schicken (vgl. 1. Mose 16), bestätigt das. Selbst der gelegentliche Gang des Mannes zu einer Prostituierten (Richter 16, 1) scheint nichts grundsätzlich Ungewöhnliches oder gar Unmoralisches gewesen zu sein. Nirgendwo ist allerdings zu lesen, dass auch eine Frau von all diesen Möglichkeiten Gebrauch machen konnte.

Wenn das siebte Gebot nun fordert, die Ehe „nicht zu brechen" (wörtlich: „buhlen" beziehungsweise „fremdgehen"), so bedeutet das für den Mann, dass er gefälligst nicht die Beziehung zu einer Frau aufnehmen soll, die bereits einem anderen gehört. Er würde damit nämlich in dessen Besitzverhältnisse eingreifen. Genau genommen kann der Mann also nur eine fremde, nicht die eigene Ehe brechen. Während umgekehrt in solch einem Fall die Frau nur die eigene, nicht die fremde Ehe brechen würde. Anderweitige sexuelle Beziehungen des Mannes außerhalb seiner Ehe, etwa zu einer noch nicht verheirateten Frau, zu einer Sklavin oder Prostituierten, fallen offensichtlich nicht unter das Gebot. Das klingt einerseits ziemlich liberal. Andererseits wird der Ehebruch selbst immer wieder überaus scharf sanktioniert, verschiedentlich sogar mit Androhung der Todesstrafe (z. B. 3. Mose 20, 10). Wobei wir allerdings nirgendwo davon lesen, ob sie aus diesem Grund jemals zur Anwendung gekommen ist.

Das rigide Verbot des Ehebruchs hat offenbar zwei Hintergründe, die beide jedenfalls nichts mit einer muffigen bürgerlichen Moral zu tun haben. Der eine, bereits angedeutete: Wer in die Ehe eines anderen einbricht, gefährdet damit zuhöchst die Lebensgrundlage einer vorhandenen stabilen Großfamilie. Welche Rechte sollen zum Beispiel illegitimen Kindern, die aus einem Ehebruch hervorgehen, zustehen? Kommt ihnen – etwa in Notzeiten – dieselbe Fürsorge zu wie den ehelich gezeugten? Ein Problem, das uns bereits beim Elterngebot begegnet ist. Oder auch die Frage der Erbschaft. Wie soll mit allfälligen Ansprüchen umgegangen werden, wenn das familiäre Oberhaupt gar nicht der biologische Vater ist? Wer wird dermaleinst für die Toten- und Grabpflege der Verstorbenen verantwortlich sein? Von zu erwartenden menschlichen Eifersüchteleien und Konkurrenz unter allen Betroffenen ganz zu schweigen. Kurz: Ein Ehebruch droht, die Balance eines ansonsten durchaus funktionierenden wirtschaftlichen und sozialen Gefüges empfindlich zu stören, wenn nicht gar zu zerstören. Deshalb die mitunter harschen Worte.

Einen weiteren Hintergrund kann man darin erkennen, dass das Motiv der Ehe immer wieder auch in einem übertragenen Sinne auftaucht, der dem ganzen Thema noch ein weiteres Gewicht verleiht, nämlich als Sinnbild der unbedingten Verlässlichkeit Gottes: „In Treue will ich mich mit dir verloben", sagt Gott zu seinem Volk (Hosea 2, 22). Dementsprechend begegnet uns das Wort „ehebrechen" oder noch schärfer auch: „huren" als Sinnbild der Treulosigkeit des Volkes seinem Gott gegenüber. Indem es – wie vor allem die Propheten immer wieder beklagen – anderen Göttern nachläuft, ja sich ihnen geradezu an den Hals wirft, begeht es eben „Ehebruch" beziehungsweise „Hurerei". In diesem Sinne kann sich noch später im Neuen Testament Jesus verschiedentlich über „ein böses und ehebrecherisches Geschlecht" (Matthäus 12, 39) erregen. Gemeint sind hier Menschen, die handgreifliche Zeichen verlangen, statt schlicht auf Gottvertrauen zu setzen. Auf der Ebene der sinnbildlichen Übertragung geht es beim Ehebrechen also um nichts Geringeres als die bereits im ersten Gebot aufgeworfene, keinen Kompromiss duldende Alternative: Gott oder die Götzen.

Bemerkenswert ist schließlich, dass das Ehebruchsverbot – neben dem Tötungsverbot – zu den beiden einzigen der Zehn Gebote gehört, auf die Jesus in der Bergpredigt direkten Bezug nimmt. Aber in welcher Radikalität! „Ihr habt gehört, dass gesagt ist: ‚Du sollst nicht ehebrechen.' Ich aber sage euch: Wer eine Frau ansieht, sie zu begehren, der hat schon mit ihr die Ehe gebrochen in seinem Herzen“ (Matthäus 5, 27f). Im Vorgriff auf einen Teil des Zehnten Gebots („Du sollst nicht begehren deines Nächsten Frau“) macht er grundsätzlich deutlich, dass vor Gott ein Unrecht nicht nur in einer unrechten *Handlung* besteht, sondern bereits vorher in deren *Absicht*, „in seinem Herzen“. Ähnlich wie bei der Auslegung des Tötungsverbots, wonach ja bereits ein beleidigendes Wort töten kann, so findet also auch hier eine Ausweitung des Gebots statt. Man kann das als ein Beispiel für die in der Bergpredigt, ja im Grunde in der gesamten Verkündigung Jesu begegnende Radikalisierung der Ethik ansehen. Angesichts dessen kann man wohl nur noch mit den Jüngern – wie es heißt – „entsetzt“ stammeln: „Wer kann dann selig werden?“ Vielleicht liegt aber gerade darin auch ein indirekter Hinweis auf unser völliges Angewiesensein auf die Gnade eines anderen: „Bei den Menschen ist's unmöglich, aber nicht bei Gott“ (Markus 10, 26f).

3. Abseits von „anything goes“ und bürgerlicher Muffigkeit

Es ist nun einmal, wie es ist: Das Gebot „Du sollst nicht ehebrechen“ entführt uns – und das nicht zum ersten Mal – in eine ferne und überaus fremde Welt. Eine Welt, in der vor allem der Mann das Sagen hat. Eine Welt, in der die Frau als ein Besitz des Mannes vorkommt und entsprechend behandelt wird. Eine Welt, in der für Mann und Frau sehr unterschiedliche Regeln gelten, die nicht nur für einen Leitartikel bei „Emma“ wenig geeignet zu sein scheinen. Und diese Welt wird auch nicht dadurch weniger fremd, dass man sich klarmacht, dass auch heute noch in etlichen Gesellschaften *unserer* Welt die Frau wie selbstverständlich zum Hab und Gut des Mannes gehört und also grundsätzlich weniger gilt als er.

Nun könnte man es sich aus Sicht des Glaubens einfach machen, indem man rasch darauf hinweist, dass solche Verhältnisse eben mit einer christlich geprägten Kultur nicht vereinbar seien. Doch so einfach ist es nicht. Denn jene uns so fremde Welt, in der die Frau dem Mann zu eigen ist, begegnet uns ja nicht nur in einem fernen ostanatolischen Dorf oder in irgendeinem Berliner Hinterzimmer einer jesidischen Großfamilie. Sie begegnet uns vielmehr eben auch in der Bibel. Also in dem Buch, das nach unserer Glaubensüberzeugung das Evangelium, die frohe Botschaft, bereithält. Aber genau das ist hier die Frage: Ist es ernsthaft vorstellbar, dass jene patriarchalen Verhältnisse als solche schon das Evangelium darstellen? Dass also die Wiedereinführung der Großfamilie unter männlicher Dominanz und die Rückgängigmachung der Gleichberechtigung von Mann und Frau aus Gründen des Glaubens geboten sind? Oder ist es nicht vielmehr so, dass wir – wie schon so oft, wenn wir uns mit dem uns von Gott gegebenen Verstand diesen alten Texten zu nähern versuchen – angehalten sind, *in* oder auch *hinter* jenen Verhältnissen nach einer Botschaft zu suchen, die geeignet ist, gesellschaftliche Verhältnisse, die kommen und gehen können, zu überdauern? Auch das wäre ja nicht das erste Mal.

In unserem Fall wird solch eine Suche allerdings dadurch erheblich erschwert, dass das Gebot „Du sollst nicht ehebrechen" in der Geschichte der Christenheit wie kaum ein anderes zu einer Art Sammelbecken geworden ist, in das man meinte, alle möglichen Moralvorstellungen unterbringen zu können. So als ginge es hier nicht nur um Ehebruch, sondern auch um

Scheidung, um Sexualität außerhalb der Ehe, um die Frage geregelter Nachkommenschaft, um gewollte und ungewollte Ehelosigkeit, um Homosexualität, um Selbstbefriedigung und Enthaltsamkeit, um Prostitution oder Vergewaltigung. Aber um all diese sicher nicht unwichtigen sexualethischen Themen geht es, wie wir gesehen haben, im siebten Gebot nun einmal nicht. Auffallend ist immerhin, dass dieses Sammelbecken durchgehend von einem deutlich lustfeindlichen Grundton durchdrungen ist, der jedenfalls nicht aus der Bibel stammen kann. Wahrscheinlich haben schon die frühen Christen, was ihre Moralvorstellungen anbelangte, eher ein paar Anleihen in der griechischen Philosophie gemacht. Eine ihrer Richtungen, die sogenannte Stoa, hielt ja mächtig viel auf Selbstbeherrschung, Disziplin und Maßhalten.

So deuteten schon die alten Kirchenväter – allen voran Augustin – etwa den biblisch geschilderten Sündenfall vor allem als ein Sexualdelikt. Über die Zeugungskette der Generationen setze sich dieses Vergehen gewissermaßen als Erbsünde bis in die Gegenwart fort. Sexuelle Enthaltsamkeit wurde so zu einer christlichen Tugend. Der spätmittelalterliche Künstler Lucas Cranach der Ältere unterschreibt zum Beispiel in einer Bildfolge über die Zehn Gebote die Darstellung des siebten Gebots mit den Worten „Du solt nit vnkeusch sein“. Im Hintergrund eines turtelnden Paares feixt der Teufel. Auch Luther behauptet in seinem Kleinen Katechismus, der ja für viele evangelische Christen über Jahrhunderte hinweg eine maßgebliche Glaubensorientierung war, dass es in diesem Gebot unter anderem darum gehe, „dass wir keusch und züchtig leben“. Noch in den 60er-Jahren des vergangenen Jahrhunderts lesen wir in einer für junge Leute bestimmten Auslegung der Gebote durch den seinerzeit sehr populären Theologen Ernst Lange: „Du brauchst dich nicht ‚auszutoben'! Weder durch unsauberes Geschwätz noch durch schwüle Tagträume, weder, indem du dich selbst befriedigst, noch, indem du andere zu deiner Befriedigung missbrauchst." Und der gegenwärtig in Geltung befindliche offizielle Katholische Katechismus stellt im Zusammenhang mit dem Gebot „Du sollst nicht ehebrechen" die These auf: „Die Geschlechtlichkeit ist auf die eheliche Liebe von Mann und Frau hingeordnet." Das siebte Gebot ist offenbar nicht nur ein Sammelbecken, sondern auch eine Projektionsfläche für alle möglichen Moralvorstellungen oder auch nur schwülstigen kleinbürgerlichen Fantasien. Seine Auslegungsgeschichte ist für die Christenheit – wie es der tschechische Theologe Jan Milič Lochman einmal genannt hat – jedenfalls „kein besonderes Ruhmesblatt".

Doch was könnte die bleibende, vor allem aber die befreiende Botschaft dieses so auffallend häufig missverstandenen Gebots sein? Ich habe gleich mehrere gefunden:

Zum einen: Es mag sein, dass wir uns an dem damaligen Eheverständnis als einem Besitzverhältnis gewaltig stören, aber das Gebot „Du sollst nicht ehebrechen" schützt vor allem die Integrität einer anderen *Beziehung*. „Nicht ehebrechen" heute meint nicht in erster Linie den Erhalt einer bestimmten Institution, womöglich auch dann noch, wenn sie nur noch auf dem Papier existiert, sondern die unbedingte Achtung einer vertraulichen, intimen menschlichen Bindung anderer. Beim Ehebrechen wird zwar auch, etwa wenn es zu einer Scheidung kommt, eine rechtliche Institution tangiert, vor allem aber ein *Vertrauen* zerstört. Eheberatungsstellen teilen uns mit, dass das der eigentlich schmerzhafte Kern ist. Gottes Gebot indes will nicht Papiere erhalten, sondern Menschen vor Schaden bewahren. Und hier vor allem den schwächeren Teil. Das war im alten Israel zweifelsohne die Frau. Heute mag das – je nach Lage der Dinge – auch der Mann sein. Oder am Ende gar beide?

Zum anderen: Der nüchterne, unerotische Charakter der biblischen Ehe als Teil einer Art wirtschaftlichen Zweckgemeinschaft kann uns davor bewahren, eine dauerhafte Beziehung zwischen Mann und Frau mit zu vielen romantischen Erwartungen zu befrachten. Was soll sie nicht alles leisten: Liebe, Erotik, gelingende Sexualität, Vertrauen, Versorgung, Freizeitgestaltung, das Ausleben gemeinsamer Interessen, gesellschaftliche Anerkennung usw. usw. Doch die Ehe als Institution steht vor allem für das hohe Gut menschlicher *Verlässlichkeit*. Für die alttestamentlichen Propheten war immerhin genau dies der Aspekt, der geeignet ist, zum Gleichnis einer ganz anderen Verlässlichkeit, eben der Treue zu Gott, zu werden. In Zeiten zunehmender gesellschaftlicher Unverbindlichkeit und weitverbreiteter Ich-Trips nach dem Motto, dass ein bisschen Egoismus „ja wohl noch erlaubt sein dürfe", könnte jene biblische Nüchternheit zum Erhalt einer sozialen Stabilität beitragen. Nicht wenige Menschen, vor allem Kinder, hungern genau danach.

Alsdann: Wie wir gesehen haben, ist das Gebot „Du sollst nicht ehebrechen" in keiner Weise dazu angetan, uns die Freude an der Sexualität zu vermiesen. In der Bibel jedenfalls gibt es mancherlei Texte, die sich mit bürgerlicher Verklemmtheit wenig zusammenreimen, allen voran das Hohelied Salomos. Im Gegenteil: Die geschlechtliche Lust ist vielmehr eine gute *Schöpfungsgabe Gottes*, eine von ihm selbst geschaffene Möglichkeit, die Beziehung zwischen Menschen zu gestalten (vgl. 1. Mose 2, 18-25). Wohl geht es darum, mit einer solchen Gabe verantwortungsvoll umzugehen, „sei es nun" – wie es der Heidelberger

Katechismus formuliert – „in der Ehe oder außerhalb derselben“ (Frage 108). Deshalb wird sich eine christliche Gemeinde auch niemals an einer Geringachtung oder gar Abwertung anderer verantwortlich gelebter geschlechtlicher Beziehungen beteiligen können. Sie wird vielmehr alles dafür tun, dass Menschen, gerade auch jungen, die Schönheit und Freude an der geschöpflichen Sexualität vermittelt werden kann.

Schließlich: Es könnte sein, dass das Gebot „Du sollst nicht ehebrechen“ heute ein kleines, aber überaus wichtiges rotes Warnsignal darstellt: in Zeiten, in denen Sexualität weitestgehend zur Ware verkommen ist, die man kaufen und verkaufen und mit der man nicht zuletzt auch eine Menge Geld verdienen kann; in Zeiten, in denen durch eine geradezu inflationäre Sexualisierung der Öffentlichkeit – ob in Zeitschriften, in der Werbung, im Fernsehen und nicht zuletzt im Internet; in Zeiten, in denen die Sexualität selbst mehr und mehr entwertet wird, ja zu einer „Sache“ heruntergekommen ist, die mit einer liebevollen persönlichen Beziehung immer weniger zu tun hat. Vielleicht auch nur einen hilfreichen Wink: Bei Gott bist du kein Ding, sondern eine *Person*! Erhalte dir die Schönheit der Liebe! Erfreue dich doch an der gemeinsamen Innigkeit und Intimität! Lass dich getrost in ein Netz des Vertrauens fallen – in guten wie in schweren Tagen! Und wisse: Wenn es denn einmal so sein sollte, dass zwei Menschen an ihrer Beziehung nur noch leiden, dann kann ein verantwortungsvolles Auseinandergehen auch Ausdruck des Respekts vor der eigenen Würde und der des anderen sein.

„Du sollst nicht ehebrechen.“ Es ist ernüchternd, was dieses Gebot alles nicht sagt. Es ist aber noch erstaunlicher, was es uns – auch in Zeiten eines vermeintlichen „anything goes“ und abseits aller bürgerlichen Muffigkeit – heute noch zu sagen hat.

X. „NICHT STEHLEN“

Für eine andere Welt, die möglich ist

1. Religiöse Überhöhung bürgerlichen Besitzstandsdenkens?

Tante Irmtraud hat so ihre Eigenheiten. Zum Beispiel die, dass ihren Geschenken gelegentlich ein leicht pädagogischer Beigeschmack anhaftet. Schon damals bei meiner Konfirmation hatte ich den Eindruck, dass ich mich auf die Lektüre ihres mitgebrachten Abenteuerbuches nicht nur wegen seiner spannenden Erzählungen zu freuen hatte, sondern auch weil man bei der Gelegenheit manch Wissenswertes über die Ureinwohner von Guatemala in Erfahrung bringen konnte.

Letztens war es wieder einmal so weit. Tante Irmtraud hatte sich diesmal für eine Packung Wormser „Luthernüsse“ als Mitbringsel entschieden – köstliche Pralinen, basierend auf feinstem Pflaumenmus, versetzt mit Walnüssen und Zwetschgenwasser, liebevoll umhüllt von erlesener Zartbitterschokolade. „Seht mal“, beeilte sich Tante Irmtraud zu sagen, „hier auf der Rückseite ist ganz interessant zu lesen, was es mit dieser ‚Luthernuss‘ auf sich hat.“ Noch ehe wir uns dem Genuss dieser Wormser Köstlichkeit hingeben konnten, waren wir auch schon darüber belehrt, dass der Name dieser Praline der Legende nach auf eine Begebenheit aus dem Leben des großen Reformators zurückzuführen ist. Dieser hatte in jungen Jahren wohl einmal eine Nuss geklaut und war deshalb von seiner Mutter auf das Heftigste verprügelt worden. Später las ich in einer seiner Predigten: „Meine Mutter stäupte mich einmal um einer geringen Nuss willen, dass das Blut danach floss. Aber meine Eltern meinten's herzlich gut." Der rückseitige Text jenes Mitbringsels schloss übrigens mit den Worten: „So wurde die ‚Luthernuss' als süße Versuchung nachempfunden und die Begebenheit in einer dreisprachigen Souvenirpackung festgehalten."

Auch wenn man solchen rigiden pädagogischen Prinzipien wie denen von Luthers Eltern in der Regel nicht mehr folgt, so ist doch den meisten von uns das Gebot „Du sollst nicht stehlen" von Kindesbeinen an wie selbstverständlich in Fleisch und Blut übergegangen. „Klau nix!" ist unter einem Cartoon in dem jüngst erschienenen katholischen Katechismus „Youcat for Kids" zu lesen. Darüber ein Mädchen, das nach einem verlockenden Glas voller bunter Süßigkeiten schielt. Ich weiß nicht, bei wie vielen christlichen Erziehungsversuchen die Dose Kekse auf Mutters Schrank noch immer für die Veranschaulichung des Gebots herhalten muss. Dass man sich „an fremdem Gut nicht vergreifen" soll, gehört offenbar zum ethischen und juristischen Kernbestand unserer Gesellschaft. Lapidar heißt es bereits im Grundgesetz unseres Landes: „Das Eigentum und das Erbrecht werden gewährleistet" (Artikel 14). Entsprechend bewertet unser geltendes Recht den Diebstahl als eine strafbare Handlung: „Wer eine fremde bewegliche Sache einem anderen in der Absicht wegnimmt, die Sache sich oder einem Dritten rechtswidrig zuzueignen, wird mit Freiheitsstrafe bis zu fünf Jahren oder mit Geldstrafe bestraft" (StGB § 242).

Doch ist Stehlen gleich Stehlen? Schon der breit gefächerte Strafrahmen unseres Strafgesetzbuches deutet darauf hin, dass nicht jegliches „Wegnehmen“ über einen Kamm geschoren werden kann. So wird etwa das Entwenden einer Flasche Schnaps im Supermarkt juristisch erheblich anders bewertet als der Einbruch in einer Bank, die kleine Trickserei bei der privaten Steuererklärung anders als die millionenfache Steuerhinterziehung eines internationalen Konzerns. Auch wenn man mitunter den Eindruck hat, dass man – wie der Volksmund sagt – die „kleinen Diebe hängt“, während man „die großen laufen lässt“. Stehlen ist eben *nicht* gleich Stehlen. Auch wenn Luthers Mutter noch der Meinung war, dass auch der Klau einer kleinen Nuss fast einem Kapitalverbrechen gleichkomme.

Mit dem biblischen Verbot des Stehlens wird aber auch eine ganze Reihe weiterer Fragen losgetreten. Was ist etwa mit einem Wegnehmen, das zwar juristisch nicht zu belangen ist, moralisch aber dennoch verwerflich sein kann? Was ist mit Mietwucher, Bodenspekulation oder ausbeuterischen Löhnen? Was ist mit dem Raubbau an der Natur, an Luft, Wasser, Feldern und Wäldern? Was ist mit dem Diebstahl geistigen Eigentums? Was ist mit dem Stehlen im übertragenen Sinne, wo man einem anderen etwa Zeit, Geduld oder gar Nerven „raubt“? Und umgekehrt: Ist dem grundsätzlichen Verbot des Stehlens bereits Genüge getan, wo man das Eigentum des anderen – in Worten des Grundgesetzes – „gewährleistet“? Ist am Ende das Gebot „Du sollst nicht stehlen“ nicht mehr als eine Art religiöser Überhöhung bürgerlichen Besitzstandsdenkens?

Wenn wir uns auch hier in den alten Texten ein wenig auf die Suche machen, werden wir uns – so viel sei bereits verraten – wahrscheinlich auf die eine oder andere Überraschung gefasst machen müssen. Aber das sind wir vom Blättern in der Bibel ja schon gewohnt.

2. Stehlen und Stehlen ist zweierlei

„Du sollst nicht stehlen“, so steht es kurz und bündig und scheinbar unmissverständlich da. Das Gebot sagt nicht, *was* wir nicht stehlen sollen. Das erweckt den Eindruck, als sei der Gegenstand des Diebstahls der Bibel egal. Ob Haselnussklau oder Bankeinbruch – Hauptsache: nicht stehlen. Doch dieser nicht wirklich befriedigende Erstbefund hat die theologische Forschung natürlich nicht ruhen lassen. Lange Zeit galt die Vermutung, dass es sich bei diesem Gebot konkret um *Menschen*raub handeln müsse. Heiße es nicht bereits wenige Verse später: „Wer einen Menschen raubt, sei es, dass er ihn verkauft, sei es, dass man ihn bei ihm findet, der soll des Todes sterben“ (2. Mose 21, 16). Hintergrund dieser harten Aussage ist das im Altertum allenthalben übliche Sklaventum und das damit verbundene überaus rentable Kidnapping von wehrlosen Frauen und Männern. Die Bibel selbst liefert dafür manch grausige Beispiele. Das wohl bekannteste ist die Geschichte von Josef, der von seinen eigenen Brüdern in die Sklaverei verkauft wird (1. Mose 37, 12ff). Im Rückblick auf dieses Geschehen sagt Josef, er sei seinerzeit „aus dem Lande der Hebräer *gestohlen* worden“ (1. Mose 40, 15). Im hebräischen Urtext steht hier dasselbe Wort wie im achten Gebot: „ganab“. Von ihm stammt übrigens das uns bekannte Wort „Ganove“ ab.

Andere weisen allerdings darauf hin, dass das Wort „ganab“ durchaus auch für den Diebstahl von *Vieh* (z. B. 2. Mose 21, 37) oder *Sachen*, vor allem von Wertgegenständen (z. B. 1. Mose 44, 8) gebraucht werden kann. Auch hier liefert die Bibel eindrückliche Beispielgeschichten, etwa die von einem gewissen Achan, der sich in unerlaubter Weise an Beutegut vergreift (Josua 7), oder einem Micha, der seine eigene Mutter um 1.100 Silberstücke bestiehlt, die sie dann allerdings mit Erfolg zurückfordert (Richter 17). Von daher ist es sicher gerechtfertigt, das Stehlen im achten Gebot in der Tat grundsätzlich als ein Vergreifen an einem fremden Gut – was auch immer es sei – zu verstehen.

Damit ist allerdings noch lange nicht gesagt, dass die Bibel jegliches Stehlen gleich bewertet. Das Auffallende ist indes, dass sie solche unterschiedliche Bewertung nicht, so wie unser Rechtssystem es tut, an dem unterschiedlichen Wert des Diebesgutes festmacht, wonach eben die geklaute Flasche Schnaps anders ins Gewicht fällt als der millionenschwere Bankeinbruch. Die biblische Bewertung des Stehlens orientiert sich vielmehr vorrangig an der Frage, *wer* überhaupt *wen* bestiehlt. Für sie macht es also durchaus einen Unterschied, ob zum Beispiel ein Reicher einen Armen oder ob ein Armer einen Reichen bestiehlt. Also ob es sich sozusagen um einen „Diebstahl von oben“ oder einen „Diebstahl von unten“ handelt. Wie das?

Man kann sich das wiederum an einer interessanten Geschichte verdeutlichen (vgl. 2. Samuel 11f). Es wird berichtet, wie der große und mächtige König David eines Abends vom Dach seines Palastes aus eine Frau beobachtet, die sich gerade wäscht. Es heißt im Text: „Und die Frau war von sehr schöner Gestalt.“ David holt sofort Erkundungen ein und erfährt, dass es sich um Batseba, die Frau eines ihm untergebenen Offiziers, handelt. Das hindert den König allerdings nicht daran, sie kraft seiner königlichen Autorität zu sich kommen zu lassen und ihr, wie es heißt, „beizuwohnen“. Die Folge: Batseba wird schwanger. Eine peinliche Situation. David versucht sie so zu lösen, dass er unter Ausnutzung seiner Macht den Offizier an die Front stellt, wo er alsbald fällt. Kurz darauf erscheint der Prophet Nathan im Auftrag Gottes und erzählt David eine Geschichte, genauer: ein Gleichnis. In diesem vergreift sich ein reicher Mann an dem geringen Besitz eines armen Mannes. Nathans trockenes Fazit: „Du bist der Mann!“ Das Interessante an dieser Geschichte ist, dass hier nicht so sehr der Skandal eines offenkundigen Ehebruchs im Vordergrund steht, sondern – wie das Gleichnis deutlich macht – ein dreister „Diebstahl von oben“. Ein ähnlich gelagerter Fall ist uns bereits in der Geschichte von Nabots Weinberg begegnet (vgl. 1. Könige 21), wo sich ebenfalls ein Mächtiger an dem Besitz eines ihm gegenüber Ohnmächtigen vergreift.

Dieses auffallende, wenn man so will, „ethische Gefälle“ tritt dann aber vor allem in den harschen Gerichtsworten der Propheten an die Reichen und Mächtigen („Fürsten“) zutage: „Höret dies“, lesen wir etwa bei Amos, „die ihr die Armen unterdrückt und die Elenden im Lande zugrunde richtet und sprecht: Wann will denn der Neumond ein Ende haben, dass wir Getreide verkaufen, und der Sabbat, dass wir Korn feilhalten können und das Maß verringern und den Preis steigern und die Waage fälschen, damit wir die Armen um Geld und die Geringen um ein Paar Schuhe in unsere Gewalt bringen und Spreu für Korn verkaufen?“ (Amos 8, 4-6). Und der Prophet Micha klagt: „Weh denen, die Unheil planen und gehen mit bösen Gedanken um auf ihrem Lager, dass sie es frühe, wenn's licht wird, vollbringen, weil sie die Macht haben! Sie begehren Äcker und nehmen sie weg, Häuser und reißen sie an sich“ (Micha 2, 1f). Unschwer schließen sich hier Jesu bekannte Unheilsworte über die Reichen an: „Weh euch Reichen; denn ihr habt euren Trost schon gehabt. Weh euch, die ihr jetzt satt seid; denn ihr werdet hungern“ (Lukas 6, 24f).

Im Vergleich zu dieser vielfach bezeugten Kritik an den Übergriffen der Besitzenden gegenüber den Habenichtsen wird der „Diebstahl von unten“ so gut wie gar nicht thematisiert, ja mitunter sogar mit einer gewissen Milde betrachtet. So heißt es zum Beispiel in den Sprüchen Salomos: „Armut und Reichtum gib mir nicht; lass mich aber mein Teil Speise dahinnehmen, das du mir beschieden hast. Ich könnte sonst, wenn ... ich zu arm würde, stehlen“ (30, 8f). Fast verständnisvoll wird hier ein möglicher Dieb zitiert, der sich aus Armut gegebenenfalls gezwungen sieht, einen Raub zu begehen. Auf einer ähnlichen Linie liegt die Erlaubnis zum sogenannten Mundraub, der – im Gegensatz zu unserem Strafrecht – in der Bibel keine Ahndung erfährt: „Wenn du in deines Nächsten Weinberg gehst, so darfst du Trauben essen nach deinem Wunsch, bis du satt bist, aber du sollst nichts in dein Gefäß tun. Wenn du in das Kornfeld deines Nächsten gehst, so darfst du mit der Hand Ähren abrupfen, aber mit der Sichel sollst du nicht dreinfahren“ (5. Mose 23, 25f). Es geht hier aber ausschließlich um die Linderung einer Not, nicht um eine nun umgekehrte Bereicherung von unten nach oben.

Nun können wir vielleicht auch eine biblische Begebenheit besser verstehen, die auf den ersten Blick eher verstörend wirkt. Im Zusammenhang des Auszugs aus Ägypten wird davon berichtet, wie Gott selbst (!) sein Volk auffordert, vor Aufbruch aus der Unterdrückung bei den Ägyptern Wertsachen zu entwenden: „Jede Frau soll sich von ihrer Nachbarin und Hausgenossin silberne und goldene Gefäße und Kleider geben lassen. Die sollt ihr euren Söhnen und Töchtern mitgeben und den Ägyptern wegnehmen“ (2. Mose 3, 22). Ohne Beachtung jenes ethischen Ungleichgewichts zwischen einem „Diebstahl von oben“ und einem „Diebstahl von unten“ wird man dieser Geschichte, in der es um den Diebstahl von Unterdrückten an ihren Unterdrückern geht, nicht nahekommen. Aber zugegeben: Die Geschichte bleibt verstörend. Es ist ja auch nicht die einzige in der Bibel.

Gleichwohl schützt das Gebot „Du sollst nicht stehlen“ grundsätzlich das Eigentum eines anderen und damit zunächst einmal die ganz elementaren Lebensgrundlagen eines jeden Menschen. Und dazu gehört nun einmal das Eigentum, also die Möglichkeit, über die Dinge des alltäglichen Lebensbedarfs selbst verfügen zu können. Wenn man sich klarmacht, dass das Volk Israel soeben einer Situation entronnen ist, in der ihm genau das über Jahrhunderte vorenthalten wurde – eigenes Land, selbstbestimmte Arbeit, persönliches Hab und Gut, politische und individuelle Freiheit –, dann reiht sich dieses Gebot nahtlos in den Kanon aller Gebote als „Wegweisungen der Freiheit“ ein. Die Bibel, und hier vor allem das Alte Testament, hat kein Problem damit, wenn Menschen etwas besitzen; wenn es ihnen gut geht und sie sich ihres Wohlstandes erfreuen. Gott hat den Menschen nicht geschaffen, damit er darben soll und es ihm schlecht gehe. So weit, so gut.

Doch wenn wir die harsche Kritik der Propheten und später durch Jesus richtig verstanden haben, hat Eigentum offenbar noch ein zweites, dunkles Gesicht. Jene Kritik geht ja davon aus, dass bestimmten Menschen – eben den Armen – Eigentum vorenthalten oder geradezu von den Reichen weggenommen wird. Das Verbot des Stehlens schützt also keineswegs *jedwedes*

Eigentum. Die Anhäufung von Eigentum auf Kosten der Habenichtse, also die Ausbeutung der Armen durch die Reichen wird gerade *nicht* geschützt, sondern vielmehr als eine eklatante Versündigung an dem Gebot Gottes gebrandmarkt: „Weh euch Reichen!“ Ein Eigentum, das nicht mehr zum Wohle aller, sondern nur noch zur Besitzvermehrung einiger weniger da ist, führt zu ungerechten Verhältnissen und verdirbt damit das soziale Gefüge. Ja, es fügt am Ende sogar dem sinnlos Anhäufenden selbst Schaden zu, „denn“, so Jesus, „was hülfe es dem Menschen, wenn er die ganze Welt gewönne und nähme doch Schaden an seiner Seele?“ (Matthäus 16, 26).

Damit bekommt das Thema Eigentum schließlich noch eine theologische Tiefe. Man kann sich das vor allem an der Frage des Landbesitzes vor Augen führen. Wohl gilt die Verheißung an das Volk Israel, in ein neues Land zu kommen, „darin Milch und Honig fließt“ (2. Mose 3, 17). Dass also für die Existenz und die Freude an den Gütern des Lebens gesorgt ist. Aber dieses Land wird dem Volk nicht zur schrankenlosen Verfügung gegeben. Es wird ihm vielmehr – gewissermaßen als *Leihgabe* – zu treuen Händen *anvertraut*. Eigentlicher Eigentümer des Landes, ja der ganzen Welt, bleibt vielmehr einzig *Gott*: „Die Erde ist des *Herrn* und was darinnen ist, der Erdkreis und die darauf wohnen“ (Psalm 24, 1). Deshalb hat man mit dem Land umzugehen, wie man eben mit etwas umgeht, das einem nur geliehen ist: behutsam und verantwortungsvoll. Das führt zum Beispiel zu der Konsequenz, dass zu den Bestimmungen des sogenannten Erlassjahrs, auf das wir im Zusammenhang mit dem Sabbatgebot bereits zu sprechen gekommen sind, auch gehört, dass einmal aus Not verkauftes Land an den ursprünglichen Eigentümer zurückfallen soll. Warum? Eben weil es weder dem Verkäufer noch dem Käufer im eigentlichen Sinne

„gehört“. „Denn das Land“, spricht Gott, „ist mein, und ihr seid Fremdlinge und Beisassen bei mir“ (3. Mose 25, 23).

Die Bibel hat also zum Eigentum – wenn man so will – ein durchaus „gebrochenes Verhältnis“. Einerseits ist es wichtiger Bestandteil der von Gott gewährten Lebensmöglichkeit. Wer im Volk Israel etwa durch Viehdiebstahl das Eigentum seines Nachbarn schmälert, gefährdet schlicht dessen Existenz. Andererseits ist Besitz als solcher durchaus nicht sakrosankt und also unantastbar. Der Besitz der Reichen und Superreichen, der womöglich nur durch Ausbeutung und Ausnutzung Schwächerer zustande gekommen ist, kann selbst zum Diebstahl werden. Das Neue Testament predigt deshalb verschiedentlich, nicht am Besitz zu kleben. Anschaulich etwa im Gleichnis „vom reichen Kornbauern“. Dieser hat eine überreiche Ernte. Statt den Überschuss zum Beispiel für soziale Zwecke einzusetzen, baut er noch einmal neue, größere Scheunen, um den Besitz zu horten. Die Geschichte endet mit den Worten: „Aber Gott sprach zu ihm: Du Narr! Diese Nacht wird man deine Seele von dir fordern. Und wem wird dann gehören, was du bereitet hast?“ (Lukas 12, 20). Besitz hat keinen absoluten, sondern nur einen relativen Wert, eben in Relation zu einer umfassenden sozialen Gerechtigkeit.

Damit sind wir bereits mitten in unserer Gegenwart angelangt.

3. In einem „weiten Stall voll großer Diebe“

Schon unser kleiner biblischer Exkurs dürfte deutlich gemacht haben, mit wie vielen Problemfeldern uns das Gebot „Du sollst nicht stehlen“ konfrontiert. Stehlen ist nicht erst seit gestern ein weit über das individuelle Fehlverhalten hinausgehendes Unrecht geradezu globalen Ausmaßes. Es berührt die Frage der Menschenrechte genauso wie die nach einer grundsätzlichen gesellschaftlichen Einstellung zum Besitz; die verhängnisvolle Geschichte – auch der Christenheit – genauso wie den gegenwärtigen Umgang der Kirche mit Eigentum; die persönlich zu verantwortenden Formen der Entwendung genauso wie den strukturellen Diebstahl; das juristisch zu ahndende Stehlen genauso wie die ganz legale Ausbeutung. Wir versuchen, ein wenig zu sortieren.

„Du sollst nicht stehlen“ schützt zunächst einmal das Hab und Gut eines anderen. Wenn wir die biblischen Texte richtig verstanden haben, dann schützt es damit vor allem das freiheitliche Lebensrecht des Menschen. Es gehört zu unserer vom Schöpfer so gewollten menschlichen Existenz, dass wir über die Güter dieser Welt verfügen dürfen. Verfügungsgewalt über etwas zu haben, ist aber das entscheidende Kennzeichen des Besitzens. In Worten unseres Strafgesetzbuches: „Der Eigentümer einer Sache kann ... mit der Sache nach Belieben verfahren und andere von jeder Einwirkung ausschließen“ (§ 903.1). Unabhängig davon, dass eine solche Verfügungsgewalt auch in missbräuchliche Willkür umschlagen kann, ist der selbstverantwortete Umgang mit den Dingen dieser Welt ein Teil der menschlichen Freiheit. Zahlreiche politische Manifeste atmen inzwischen dieses Pathos. Von der ersten Menschenrechtserklärung von 1789, in der das Eigentum zu den „natürlichen und unabdingbaren Menschenrechten“ gezählt wird, bis zu unserem Grundgesetz, das das Eigentum immerhin „gewährleistet“ (Artikel 14.1). Das Verbot des Stehlens schützt zunächst einmal dieses – vermeintlich selbstverständliche – menschliche Grundrecht.

Umso erstaunlicher ist die Tatsache, dass das vielfache Stehlen im Alltag unseres Lebens kaum nennenswerten Anstoß erregt, sondern geradezu als Selbstverständlichkeit („macht doch jeder") hingenommen, allenfalls als Kavaliersdelikt schöngeredet, vielleicht sogar als sportliche Gerissenheit (Bubenstreich) heimlich bewundert wird. Aber ob Kaufhausklau oder Schwarzfahren, Mitnahme von Firmenmaterial oder private Telefonate im Büro, Spesenbelegfälschung oder frisierte Versicherungsmeldung – es ist zunächst einmal schlicht ein Wegnehmen fremden Eigentums. Von daher erklärt sich, dass Meldungen über Steuerbetrug, Bestechung und Korruption im großen Stil in der Regel nur kurze Empörungswellen auslösen. Warum sollten sich die Großen prinzipiell anders verhalten als wir Kleinen? Der im Jahr 1963 als „Postraub" mit einer Beute von über zwei Millionen englischen Pfund in die Geschichte eingegangene Überfall auf einen englischen Postzug fand in der Öffentlichkeit mehr Bewunderung als Verurteilung. Zwei Jahre später kam die Geschichte unter dem Titel „Die Gentlemen bitten zur Kasse" in die Kinos und wurde zum Straßenfeger. Ob im kleinen oder im großen Stil – Stehlen wird offenbar nicht als ganz so schlimm betrachtet. Zumindest aus Sicht der Täter und ihrer Bewunderer. Betroffene Opfer werden das möglicherweise etwas anders sehen.

Wie wir festgestellt haben, betraf das biblische Diebstahlsverbot seinerzeit nicht nur Sachen, sondern auch Personen. Das Verbot, Menschen zu stehlen, um sie zu versklaven und ihre Arbeitskraft auszubeuten, ist in der Geschichte der Menschheit und leider auch der Christenheit weitestgehend wirkungslos verhallt. Die Sklaverei war in der Antike weit verbreitet. Auch die Bibel erwähnt sie verschiedentlich. Im Zuge der Eroberung und Kolonisation vor allem des amerikanischen Kontinents kam es später zu massenhaften Verschleppungen afrikanischer Menschen, deren Folgen bis in die Gegenwart hinein zu spüren sind. Der Nationalsozialismus machte Zwangsarbeit zum System. Heute haben wir es im internationalen Maßstab vor allem mit Menschenhandel, Zwangsprostitution oder Rekrutierung von Kindersoldaten zu tun. Im Hinblick auf die Vorbereitung der Fußballweltmeisterschaft 2022 in Katar legte Amnesty International eine umfassende Untersuchung über die dortige Ausbeutung asiatischer Gastarbeiter im Baugewerbe vor. All das trotz immer wieder aufkeimender Gegenstimmen – von einzelnen Päpsten im Mittelalter bis hin zu Martin Luther King. Und trotz aller internationalen Ächtung – etwa durch die Europäische Menschenrechtskonvention, die ausdrücklich verbietet, „eine Person in Sklaverei oder Leibeigenschaft zu halten" (Artikel 4.1).

Damit sind wir bei dem, was man den „Diebstahl von oben" bezeichnen kann. Vielleicht ist er heute sogar die schwerwiegendste Art des Stehlens. Die alten Texte machten bereits deutlich, dass die Hauptstoßrichtung des Gebots den Reichen und Mächtigen galt, die ihren Reichtum vor allem auf Kosten der Armen zu vermehren suchten. Wenn heute Tausende von westlichen Firmen ihre Waren in Billiglohnländern wie etwa Bangladesch, Pakistan, Kambodscha, Indonesien, Malaysia, China oder Indien produzieren lassen, hat sich an diesem Sachverhalt nichts geändert. Wenn in Lateinamerika kleine Bauern von ihren Ländereien vertrieben werden, um großflächige Sojafelder anzulegen, um wiederum den immensen Fleischverbrauch in den reichen Nationen zu befriedigen, hört man geradezu die

Scheltworte der Propheten: „Weh denen, die ein Haus zum andern bringen und einen Acker an den andern rücken, bis kein Raum mehr da ist und ihr allein das Land besitzt!" (Jesaja 5, 8).

Und wenn wir davon hören, dass 42 Personen unserer Erde zusammen so viel besitzen wie die gesamte ärmere Hälfte der Weltbevölkerung, dann versteht man vielleicht das vielfach als ärgerlich und unmöglich empfundene Wort Jesu, wonach es „leichter ist, dass ein Kamel durch ein Nadelöhr gehe, als dass ein Reicher in das Reich Gottes komme" (Lukas 18, 25). Und auch seinen vernichtenden Seufzer: „Weh euch Reichen!"

Das Problem des Reichtums, der „von oben" stiehlt, ist neben seiner enormen weltweiten Verbreitung und Verankerung in unserem liberalen, also vermeintlich freiheitlichen Wirtschaftssystem vor allem, dass er kaum rechtlich zu ahnden ist. Wen will man bei einem strukturellen Diebstahl auch schon belangen? Es ist das Verdienst des historischen Sozialismus, als Erster auf diese Problematik aufmerksam gemacht zu haben. So heißt es bereits im Kommunistischen Manifest von 1848: „Das moderne bürgerliche Privateigentum ist der letzte und vollendetste Ausdruck der Erzeugung und Aneignung der Produkte, die ... auf der Ausbeutung der einen durch die andern beruht." Jahrzehnte später lesen wir im Katechismus des religiösen Sozialisten Leonhard Ragaz: „Diebstahl sind die Machinationen zuungunsten der Masse. Diebstahl ist das Kapital, als Mittel und Zweck einer Profitwirtschaft verstanden. Auch der Zins kann Diebstahl sein. Diebstahl ist alles nicht auf Arbeit begründete Einkommen. Diebstahl ist die Ausbeutung des Wohnens, der Kleidung, des Essens und Trinkens, des Spiel- und Genusstriebes, der Menschen durch Gewinnspekulation. Diebstahl ist ganz besonders die Aneignung von Grund und

Boden durch Wenige. Diebstahl ist die Wegnahme von Land, das einem Volk gehört, durch ein anderes Volk."

Die Anonymität des strukturellen Diebstahls verleiht ihm eine scheinbare Legalität. Bereits der Heidelberger Katechismus deckt etliche Diebstähle auf, die unter „einem Schein des Rechts" (Frage 110) begangen werden, zum Beispiel schlechte Ware, Wucher, Geiz und Verschwendung. Man muss es wohl so deutlich sagen: Mit jedem Kauf eines T-Shirts für 4,99 Euro, mit jedem Verzehr eines unverhältnismäßig preisgünstigen Schweinesteaks, mit jeder Buchung eines die Umwelt belastenden Billigflugs sind wir an diesem „Diebstahl von oben" beteiligt. In Anlehnung an das „heimliche Töten" (Heidelberger Katechismus) könnte man hier mit Fug von einem „heimlichen Stehlen" reden. Das achte Gebot führt uns wie sonst kaum ein anderes unsere hoffnungslose Schuldverstrickung vor Augen, aus der es kein Entrinnen zu geben scheint. Mit Recht klagt Luther: „Wenn man die Welt jetzt durch alle Stände hin ansiehet, so ist sie nichts anderes als ein großer, weiter Stall voll großer Diebe."

Doch das Gebot „Du sollst nicht stehlen" begnügt sich ja gerade nicht mit der Feststellung allgemeinen Unrechts. Es will diesem vielmehr *wehren*: „Du sollst *nicht* stehlen!" Das heißt, es lebt von einer Perspektive, die den Diebstahl *überwindet* und wieder zu dem ursprünglichen, segensreichen Sinn von Eigentum zurückführt, nämlich dem Einsatz zum Wohle aller. Selbst das Grundgesetz weiß davon, dass „Eigentum verpflichtet" und „sein Gebrauch ... zugleich dem Wohle der Allgemeinheit dienen" soll (Artikel 14.2). Deshalb ist es sinnvoll, auch bei diesem Gebot nicht nur danach zu fragen, was es *ver*bietet, sondern auch danach, was es *ge*bietet. Für Luther ist dies: des anderen

„Gut fördern, bessern und wo er Not leidet, helfen, mitteilen, vorstrecken beiden, Freunden und Feinden“. Unserer Fantasie, dem Diebstahl – dem kleinen oder großen, dem offenkundigen oder geheimen, dem persönlichen oder strukturellen, dem juristisch relevanten oder legalen – eine positive Alternative entgegenzusetzen, sind damit keine Grenzen gesetzt. Dabei geht es nicht um eine „reine Weste“. Wir verbleiben ja bis auf Weiteres in jenem „weiten Stall voller Diebe“. Wohl aber geht es darum, wenigstens da, wo wir im Einzelnen Verantwortung tragen, zu zeigen, dass nach Gottes Willen eine andere Welt möglich ist als die, in der die immer größer werdende Kluft zwischen Arm und Reich nur noch achselzuckend zur Kenntnis genommen wird. Die Frage ist – einmal mehr –, ob wir eine solche andere Welt überhaupt *wollen*.

In Worten – noch einmal – des Heidelberger Katechismus zum Diebstahlverbot: „Ich soll das Wohl meines Nächsten fördern, wo ich nur kann, und an ihm so handeln, wie ich möchte, dass man an mir handelt. Auch soll ich gewissenhaft arbeiten, damit ich dem Bedürftigen in seiner Not helfen kann“ (Frage 111). Schade, dass Martin Luthers „herzlich gute“ Mutter nicht reformiert war. Sie hätte angesichts dieser schönen und positiven Möglichkeiten, dem achten Gebot Folge zu leisten, vielleicht noch andere pädagogische Maßnahmen zur Verfügung gehabt, als ihrem kleinen Sohn für eine geklaute Nuss den Hintern blutig zu schlagen.

XI. „NICHT FALSCH ZEUGNIS REDEN"

Kultur der Wertschätzung

1. „Und allen macht's Vergnügen"

Karin findet das pinkfarbene Halstuch, das Tante Reinhild ihr zum Geburtstag geschickt hat, „echt gruselig". Ein paar Tage später hat sie die Tante am Telefon. „Und wie gefällt dir mein Halstuch?" – „Sehr gut", sagt Karin. „Eigentlich genau so eines, wie ich es mir immer schon gewünscht habe. Vielen, vielen Dank." Hat Karin „falsch Zeugnis" geredet? Oder sollen wir mit Wilhelm Busch sagen:

> „Wer möchte diesen Erdenball
> Noch fernerhin betreten,
> Wenn wir Bewohner überall
> Die Wahrheit sagen täten.
>
> Da lob' ich mir die Höflichkeit,
> Das zierliche Betrügen.
> Du weißt Bescheid, ich weiß Bescheid;
> Und allen macht's Vergnügen."

„Was soll ich auf die Rechnung schreiben?“, fragt die Buchhändlerin Frau Langenkamp Professor Schulze, der sich soeben mit einem Stapel Unterhaltungslektüre für den Urlaub eingedeckt hat. „Schreiben Sie einfach: diverse wissenschaftliche Literatur. Ich kann das für die Steuer gebrauchen. Es schadet ja niemandem.“ Hat Professor Schulze „falsch Zeugnis“ geredet? Oder Frau Langenkamp? Beide oder keiner von beiden?

Pfarrer Hartwig ist auf dem Weg zu Herrn Berendonk, der nach menschlichem Ermessen nur noch ein paar Tage zu leben hat. Hartwig kennt die Diagnose des Arztes. An der Haustür wird er von Frau Berendonk abgefangen. „Sagen Sie bitte nichts, Herr Pastor. Er ahnt nichts.“ Wenig später sitzt Pfarrer Hartwig am Bett von Herrn Berendonk. „Ich weiß auch nicht, was mit mir los ist, Herr Pastor. Ich fühle mich sauelend.“ – „Ach, nun lassen Sie man nicht den Kopf hängen, Herr Berendonk. Das wird schon wieder werden.“ Eine Woche später ist Herr Berendonk tot. Hat Pfarrer Hartwig „falsch Zeugnis“ geredet?

Nach seiner Vereidigung zum Präsidenten der Vereinigten Staaten von Amerika im Januar 2017 behauptete Donald Trump, an der Feier zu seiner Amtseinführung hätten wesentlich mehr Menschen teilgenommen als an der seines Vorgängers Barack Obama. Auf den vergleichenden Luftaufnahmen ist deutlich das exakte Gegenteil zu erkennen. Angesprochen auf diese offenkundige Falschaussage lässt die Beraterin des neuen Präsidenten, Kellyanne Conway, die Öffentlichkeit wissen, das Weiße Haus verfüge über „alternative Fakten“. Hat die präsidiale Beraterin „falsch Zeugnis“ geredet?

Charlotte Knobloch, die ehemalige Präsidentin des Zentralrates der Juden in Deutschland, deren Verwandte von den Nationalsozialisten ermordet wurden, überlebte als Kind den Holocaust auf einem fränkischen Bauernhof nur deshalb, weil ein ehemaliges Dienstmädchen ihrer Familie, eine gläubige Katholikin, das kleine Mädchen als ihr uneheliches Kind ausgab. Hat das Dienstmädchen „falsch Zeugnis" geredet?

Das Gebot, nicht „falsch Zeugnis zu reden wider deinen Nächsten", führt uns unschwer mitten hinein in eine Fülle von kleinen und großen Lebenssituationen und damit einhergehenden Grundsatzfragen: Gibt es nicht mancherlei „falsche Zeugnisse", die harmlos sind oder zumindest niemandem Schaden antun? Muss die Wahrheit eigentlich immer gesagt werden, auch wenn sie womöglich kränkend oder gar verletzend ist? Ja, hat die offenkundige Unwahrheit nicht manchmal auch ihre Berechtigung? Es müssen ja nicht immer handfeste politische Interessen dahinterstehen. Es könnte manchmal auch lebensrettend sein. Und muss man sich nicht eingestehen, dass die Wahrheit oft sehr subjektiv ist? Was die eine schön findet, kann für die andere „echt gruselig" sein. Nicht nur, wenn es um ein harmloses Halstuch geht. Fragen über Fragen. Schon der berühmt-berüchtigte Statthalter Pontius Pilatus, dessen Name uns immerhin aus dem Glaubensbekenntnis geläufig ist, meinte schon fast resignierend feststellen zu müssen: „Was ist Wahrheit?" (Johannes 18, 38). Gute Frage.

Dass man nicht lügen soll, hat man uns von Kindesbeinen an beigebracht. Aber ist eine Lüge dasselbe wie ein „falsch Zeugnis"? Und ist dieses wiederum dasselbe wie eine Falschaussage? Wenn dem so wäre, hätte ich seinerzeit mit meinen mannigfachen falschen Aussagen im Mathematikunterricht reichlich gegen das neunte Gebot verstoßen. Und umgekehrt: Was ist eigentlich das Gegenteil von falsch? Richtig? Wahr? Oder muss am Ende jeder selbst entscheiden? „Fakten, Fakten, Fakten" posaunte vor Jahren ein Nachrichtenmagazin werbewirksam in die Welt hinaus. So als sei das Insistieren auf vermeintlich unumstößlichen Tatsachen bereits ein Beweis von Wahrheit. Auf der anderen Seite tut ein bestimmtes politisches Milieu die Veröffentlichung unangenehmer Sachverhalte gerne als „Lügenpresse" ab. „Pegida" als Anwalt eines biblischen Gebots? Also ausgerechnet eine Bewegung, die es selbst mit geschichtlichen Fakten nicht so genau nimmt? Da stockt einem doch der Atem. Schließlich bekommt der gesamte Themenkomplex noch einmal eine ganz neue Brisanz durch die sogenannten sozialen Medien, in denen offenbar jeder behaupten kann, was er noch nicht einmal selbst für wahr hält. Oder wozu er gerade Lust hat. Die hier waltende Anonymität scheint jede Verantwortung für die Verlässlichkeit einer Aussage außer Kraft zu setzen. Hauptsache Aufmerksamkeit. Mit Wilhelm Busch gesprochen: „Und allen macht's Vergnügen."

Man fragt sich: Muss nicht angesichts dieses schier undurchdringlichen Dickichts an verschiedensten Gesichtspunkten, Problemen und widerstreitenden Argumenten das Gebot, nicht „falsch Zeugnis zu reden wider deinen Nächsten", geradezu lächerlich naiv und weltfremd erscheinen? Bevor wir hier zu einer schnellen Antwort kommen, sollten wir uns einen zweiten, etwas genaueren Blick auf den biblischen Text gönnen.

2. Eine geradezu gespenstische Macht

Was Martin Luther mit „Du sollst nicht falsch Zeugnis reden wider deinen Nächsten" widergibt, lautet aus der hebräischen

Ursprache wörtlich übersetzt: „Du sollst gegen deinen Nächsten nicht als lügender Zeuge" (2. Mose 20) – beziehungsweise „als nichtiger Zeuge" (5. Mose 5) – antworten. Wie unschwer an dem Wort „Zeuge" zu erkennen ist, entführt uns das neunte Gebot zunächst in eine bestimmte *Gerichtssituation*. Allerdings darf man das Rechtswesen im alten Israel nicht mit dem unsrigen vergleichen. Das fängt schon mit dem Ort an. Während es für uns selbstverständlich ist, dass zu einem ordentlichen Gericht natürlich auch ein ordentliches Gerichtsgebäude gehört, wurde in Israel in der Regel „im Tor" Recht gesprochen: „Richtet das Recht auf im Tor!" heißt es beispielsweise beim Propheten Amos (5, 15). Mit „Tor" ist wahrscheinlich der in den meisten Städten Palästinas übliche Platz innerhalb der Stadtmauern unmittelbar vor dem Stadttor gemeint, hier und da wohl auch der Raum unter dem Torbogen selbst. Auf solchen Plätzen spielte sich das Leben ab: Versammlungen, Märkte, Geselligkeit, Willkommen und Abschied und eben auch die Rechtsprechung.

Und auch diese vollzog sich bei Weitem nicht so, wie wir das kennen. Während bei uns – zumindest für die Funktionen der Anklage, der Verteidigung und des Urteilsspruchs – nur dazu ausgebildete Personen zugelassen sind, konnte sich in Israel im Grunde jeder rechtskräftige männliche Bürger an einem gerichtlichen Verfahren beteiligen. Also keine Frauen, Sklaven oder Fremden. Kinder sowieso nicht. Stand ein Fall an, so wurden einfach Vorübergehende angesprochen, sich an dem Prozess aktiv zu beteiligen. Für jeden Mann natürlich eine Ehrensache. In der Geschichte von Rut wird ein solcher Vorgang einmal anschaulich beschrieben (vgl. Rut 4, 1f).

Während nun unser Rechtssystem sehr klar die Aufgabe eines Zeugen von den Aufgaben der anderen Prozessbeteiligten – etwa des Richters, der Anklage, der Verteidigung oder der Gutachter – unterscheidet und auch trennt, war das in Israel in dieser Eindeutigkeit nicht unbedingt der Fall. Hier konnte zum Beispiel der Zeuge zugleich Ankläger sein. Der hebräische Urtext sieht für beide erstaunlicherweise dieselbe Vokabel vor („ēd"). Ja, sowohl Ankläger als auch Zeuge konnten am Ende durchaus auch am Richterspruch mitwirken. Wie man sich denken kann, war bei einem solchen „offenen System" manches möglich, das unserem – vor allem vom späteren römischen Recht geprägten – Rechtsempfinden deutlich zuwiderläuft. Massiven Eigeninteressen, gegebenenfalls auch Bestechung und Korruption, waren praktisch Tor und Tür geöffnet.

Zahlreiche, vor allem prophetische Texte beklagen genau diesen Zustand. „Weh denen", so zum Beispiel der Prophet Jesaja, „die den Schuldigen gerecht sprechen für Geschenke und das Recht nehmen denen, die im Recht sind!" (Jesaja 5, 22f). Oder Amos: „Ich kenne eure Frevel, wie ihr die Gerechten bedrängt und Bestechungsgeld nehmt und die Armen im Tor unterdrückt" (Amos 5, 12). Das heißt: Die ersten Opfer eines solchen Rechtswesens waren vor allem die Armen und sozial Schwachen, die gegen die Wohlhabenden, die sich zur Not einen für sie sprechenden Zeugen leisten konnten, natürlich keine Chance hatten. Es sind die häufig erwähnten „falschen Zeugen", deren Auftreten vor allem in den Psalmen immer wieder beklagt wird: „Es stehen falsche Zeugen wider mich auf und tun mir unrecht" (Psalm 27, 12). „Sie werfen mir vor, wovon ich nichts weiß" (Psalm 35,11). Nicht selten hatten solche Falschaussagen die wirtschaftliche oder sogar physische Vernichtung der Betroffenen zur Folge. Auch hier ist die bereits erwähnte Geschichte von Nabot ein trauriges Beispiel (vgl. 1. Könige 21). Es ist also keineswegs übertrieben, wenn es an anderer Stelle einmal heißt: „Wer wider seinen Nächsten falsch Zeugnis redet, der ist wie ein Streithammer, Schwert und scharfer Pfeil" (Sprüche Salomos 25, 18).

Genau solche Zeugen nimmt nun das neunte Gebot scharf in den Blick: „Du sollst gegen deinen Nächsten nicht als lügender Zeuge antworten." Auch das Wort „antworten" verweist auf eine Gerichtssituation, in der die widerstreitenden Parteien sich gegenseitig aufforderten, einander gefälligst zu antworten. So schön zu sehen in einem fiktiven Gerichtsprozess zwischen Gott und seinem Volk, in welchem Gott das Volk, die „Gegenpartei", auffordert: „Was habe ich dir getan, mein Volk, und womit habe ich dich beschwert? Das sage (wörtlich: „antworte") mir!" (Micha 6, 3). Das Gebot, vor Gericht eben nicht „falsch Zeugnis" zu reden, taucht in immer wieder neuen Variationen auf und zeigt damit, um welch großes Problem es sich damals gehandelt haben muss, das seine Auswirkungen weit über das eigentliche Gerichtsverfahren hinaus gehabt hat.

So erklärt sich dann auch die etwas andere Formulierung des neunten Gebots in 5. Mose 5. Dort heißt es wörtlich: „Du sollst gegen deinen Nächsten nicht als *nichtiger* Zeuge antworten." Das entsprechende hebräische Wort kann auch für „eitel" und „nutzlos" stehen. Jetzt geht es offenbar darum, nicht nur in einem Gerichtsverfahren, sondern überhaupt im Leben einem anderen Menschen gegenüber keine „eitlen", „nutzlosen", also schädigenden Reden zu führen. Deshalb etwa: „Du sollst kein falsches Gerücht verbreiten" (2. Mose 23, 1). Hier ist der Schritt zu einer Ächtung jeglicher Rede, die dem anderen Schaden zufügt, getan, also zu einer Ächtung von – mit Luthers Großem Katechismus gesprochen – „Lügen und Übelreden", „Afterreden und Verleumden" des Mitmenschen überhaupt.

Entsprechend der Heidelberger Katechismus: „Ich soll gegen niemanden falsches Zeugnis geben, niemandem seine Worte verdrehen, nicht hinter seinem Rücken reden und ihn nicht verleumden. Ich soll niemanden ungehört und leichtfertig verurteilen helfen und alles Lügen und Betrügen als Werke des Teufels bei Gottes schwerem Zorn vermeiden" (Frage 112). Wer es mit der Wahrheit nicht so genau nimmt, vergiftet ein gedeihliches gesellschaftliches Miteinander. Deshalb wird das „falsch Zeugnis reden" verschiedentlich in einem Atemzug mit anderen Untaten genannt: „Ihr sollt nicht stehlen noch lügen noch betrügerisch handeln einer mit dem andern" (3. Mose 19,11).

Bleibt noch der „*Nächste*". Dieser Begriff, der uns mehr durch die berühmte „Nächstenliebe" vertraut ist, taucht ja auch in unserem Gebot auf. Aber was ist genau ein „Nächster"? Ursprünglich meint das entsprechende hebräische Wort („rea") zunächst einfach den Stammesgenossen. Dass ihm eine besondere Aufmerksamkeit zukommt, erklärt sich unschwer aus der besonderen sozialen Struktur der damaligen Zeit. In ihr fanden sich ja die Menschen vor allem in Großfamilien („Stämmen") zusammen, um überhaupt leben und überleben zu können. Hier dem anderen gegenüber die menschliche Zuwendung („Liebe") zu verweigern oder auch nur ein falsches oder gar schädigendes Wort in die Welt zu setzen, konnte die Gemeinschaft aufs Höchste belasten und damit alle gefährden. Es fällt allerdings auf, dass sich „rea" im Laufe der Zeit mehr und mehr auf die Mitglieder des ganzen Volkes beziehen kann, ja hier und da einfach nur noch einen „anderen Menschen" meint. So sagt zum Beispiel der Prophet Samuel dem König Saul, der sich zuvor versündigt hat: „Der Herr hat das Königtum Israels heute von dir gerissen und einem anderen (rea) gegeben" (1. Samuel 15, 28).

Dieses Verständnis des Nächsten findet dann im Neuen Testament eine geradezu radikale Erweiterung. In Erinnerung an die bereits im Alten Testament erwähnte Aufforderung zur Nächstenliebe (3. Mose 19, 18) sagt Jesus in der Bergpredigt: „Ihr habt gehört, dass gesagt ist: ‚Du sollst deinen Nächsten lieben' und deinen Feind hassen. Ich aber sage euch: Liebt eure Feinde. ... Denn wenn ihr nur zu euren Brüdern freundlich seid, was tut ihr Besonderes?" (Matthäus 5, 43.47). Damit ist das ursprünglich engere Verständnis des Nächsten im Sinne eines Menschen, der einem familiär oder allgemein gesellschaftlich „am nächsten steht", endgültig gesprengt. Pointiert sagt Luther: „Unser Nächster ist jeder Mensch, besonders der, der unsere Hilfe braucht." Anschaulich vor allem in der Beispielerzählung vom Barmherzigen Samariter (Lukas 10, 25ff), in der die religiösen und nationalen Grenzen des Nächsten durchbrochen werden.

Das Gebot, „nicht falsch Zeugnis zu reden wider deinen Nächsten", ist also wesentlich zu kurz verstanden und insofern dann auch eher missverstanden, wollte man es auf die bürgerliche Anstandsregel, wonach „man nicht lügen soll", reduzieren. Das verbietet sich auch deshalb, weil die Bibel selbst die Lüge als solche nicht rundweg verurteilt. Gewiss gibt es Lügengeschichten, in denen die Lüge nicht eben gut wegkommt. Etwa die von Kain und Abel (1. Mose 4, 1-16), in der Kain wider besseres Wissen behauptet, keine Ahnung vom Verbleib seines Bruders zu haben. Oder später die von Petrus, der selbst auf wiederholtes Nachfragen beteuert, seinen Herrn nicht zu kennen (Matthäus 26, 69-75). Doch es gibt auch die eine oder andere Erzählung, in der die Lüge durchaus eine positive Rolle spielt – auch in den Augen Gottes. Etwa die Geschichte der beiden hebräischen Hebammen Schifra und Pua, die während der Zeit der Gefangenschaft in Ägypten dem dortigen König mit einer originellen Lüge ein Schnippchen schlagen und damit das Leben von neugeborenen Knaben retten (2. Mose 1, 15-21). Die Geschichte endet mit den Worten: „Darum tat Gott den Hebammen Gutes und segnete ihre Häuser." Oder die Erzählung von Rahab, einer Prostituierten in Jericho, die geradezu dafür belohnt wird, dass sie mit einer Lüge die israelitischen Kundschafter vor der Verfolgung rettet (Josua 2).

Die Bibel ist also an der eher philosophischen Frage, ob eine Lüge grundsätzlich verwerflich sei oder nicht, offensichtlich gar nicht interessiert. Ihr geht es vielmehr darum, was mit einer Falschaussage angerichtet werden kann: Gutes oder Böses. Und so zielt auch die ganze Stoßrichtung des Gebots, „nicht falsch Zeugnis zu reden", auf die Frage ab, wie wir eigentlich mit unserem Reden anderen Menschen gegenüber umgehen. Dass Worte alles andere als Schall und Rauch sind, sondern eine geradezu gespenstische Macht ausüben und insofern eben auch sehr gefährlich sein können, macht das neunte Gebot am Beispiel eines lügenden Zeugen im Gericht und dann auch an einem nichtigen Zeugen im gesellschaftlichen Miteinander deutlich. Nur in diesem gemeinschaftsschädigenden Sinne wird die Lüge immer wieder verurteilt. So wie etwa der Prophet Hosea dagegen anwettert, dass „im Lande Verfluchen, Lügen, Morden, Stehlen und Ehebrechen überhandgenommen haben" (Hosea 4, 2). Im Neuen Testament wird dieser Gedanke noch einmal in einem Bildwort aufgegriffen: „Die Zunge ist ein kleines Glied und rechnet sich große Dinge zu. Siehe, ein kleines Feuer, welch einen Wald zündet's an! Auch die Zunge ist ein Feuer, eine Welt voll Ungerechtigkeit" (Jakobus 3,5f). Ja, in diesem Sinne kann am Ende der Teufel selbst als „Vater der Lüge" (Johannes 8, 44) gebrandmarkt werden.

Wollen wir schließlich auch das neunte Gebot vom befreienden Vorzeichen der Präambel her lesen, so ist es offenbar zu wenig, es nur als eine Aufforderung zu verstehen, was man um Gottes willen tunlichst *unterlassen* sollte. Seine *positive*, uns dann also auch zu einem aktiven Handeln ermunternde Intention ist im Sinne der Nächstenliebe noch etwas anderes. Der Heidelberger Katechismus nennt es: „meines Nächsten Ehre und guten Ruf nach Kräften retten und fördern" (Frage 112). Und Luther im Kleinen Katechismus: „Wir sollen unsern Nächsten nicht belügen, verraten, verleumden oder seinen Ruf verderben, sondern sollen ihn entschuldigen, Gutes von ihm reden und alles zum besten kehren." So wehrt das Gebot, „nicht falsch Zeugnis zu reden wider deinen Nächsten", nicht nur Schaden ab, sondern bringt im Sinne der Präambel auch eine positive, ja befreiende Kultur einer grundsätzlichen gegenseitigen Wertschätzung auf den Weg. Über beides wird nun noch zu reden sein.

3. „Einander Achtung erweisen"

Wir haben festgestellt, dass es im neunten Gebot nicht um eine generelle Ächtung der Lüge geht, sofern man unter einer solchen die willentliche Nichtübereinstimmung einer Aussage mit einem Sachverhalt versteht. Auch mischt sich das Gebot nicht wirklich in die seit alters geführte philosophische Debatte um sogenannte „Lügenkonzepte" ein. Diese sehen ohnehin sehr unterschiedlich aus und widersprechen sich im Einzelnen deutlich. So war der Kirchenvater Augustin (354–430 n. Chr.) zum Beispiel der Ansicht, dass jegliche falsche Aussage verwerflich sei, unabhängig davon, ob daraus ein Schaden oder ein Nutzen für andere oder einen selbst entstehe. Demgegenüber finden wir schon viel früher bei den alten Griechen das Modell einer „heilsamen Lüge", die geeignet sei, Menschen – etwa einen Sterbenskranken – vor der Wahrheit seiner Diagnose zu bewahren, um sein Leid nicht noch zu vergrößern. Seit Beginn der Neuzeit wird schließlich immer wieder die Frage diskutiert, ob eine Lüge – bei allem Respekt vor ihrer möglichen Schutzfunktion – nicht auch das menschliche Recht auf Wahrheit verletzen kann. Neuere psychologische Konzepte stellen indes wertneutral fest, dass eine Lüge immerhin eine Leistung der menschlichen Intelligenz darstellt, die sich erst im Laufe eines Lebens entwickelt und verfeinert. Zu all diesen Erwägungen liefert das Gebot, „nicht falsch Zeugnis zu reden", auf den ersten Blick keinen nennenswerten theoretischen Beitrag.

Oder doch? Immerhin bindet das neunte Gebot ein bestimmtes menschliches Verhalten, nämlich unser Reden einem anderen Menschen gegenüber, an eine soziale Verantwortung. Gerade in Zeiten einer allgemeinen Quasselkultur, wo man schon heute Morgen nicht mehr weiß, was gestern Abend in der Talkshow verhandelt wurde, macht es deutlich, dass es ganz und gar nicht egal ist, welche Worte aus unserem Mund kommen. Im Gebot, „nicht falsch Zeugnis zu reden", verbirgt sich zunächst einmal eine hohe Wertschätzung des gesprochenen Wortes. Im Guten wie im Schlechten. Die Bibel hat leider recht: Mit unserer Zunge „loben wir den Herrn und Vater, und mit ihr fluchen wir den Menschen" (Jakobus 3, 9). Worte können sowohl klären, wertschätzen oder trösten als auch täuschen, gering achten oder verletzen. Nicht nur unser Handeln, auch unser Reden will ethisch verantwortet sein.

Am Beispiel eines „falschen Zeugnisses" in einer gerichtlichen Verhandlung macht das neunte Gebot indes mehr als deutlich klar, welch schädigende Wirkung eben ein falsches, ein lügnerisches Wort haben kann. Bei „falsch“ geht es hier weniger um die Differenz zwischen einer Aussage und einem Sachverhalt, sondern um den Schaden, der mit einer Falschaussage angerichtet werden kann. Damit bekommt auch die hier immer mitschwingende Frage nach der Wahrheit eine ganz neue, sozusagen *„personale“* Dimension. Dietrich Bonhoeffer schildert den Fall eines Kindes, das „von seinem Lehrer vor der Klasse gefragt wird, ob es wahr sei, dass sein Vater oft betrunken nach Hause komme? Es ist wahr, aber das Kind verneint es.“ Bonhoeffer stellt fest, dass man „zwar die Antwort des Kindes eine Lüge nennen“ könne, diese Lüge aber trotzdem „mehr Wahrheit“ enthalte, weil sie „die Schwäche seines Vaters vor der Schulklasse“, wo sie keinesfalls hingehöre, nicht preisgegeben habe. Die Schuld der Lüge falle „allein auf den Lehrer zurück“.

Die ursprüngliche Gerichtssituation des neunten Gebots hat uns zudem mit seinen vielfachen *sozialen* Auswirkungen konfrontiert. Das falsche und zudem wohl häufig auch erkaufte Zeugnis war ja eine viel benutzte Waffe der Mächtigen und Reichen im Kampf gegen Schwächere und Arme. Im Hintergrund steht stets das egoistische Interesse, die Lüge in den Dienst des eigenen Vorteils zu stellen. Wir könnten viele Beispiele nennen: Ein hart neben einer ordentlichen Recherche befindlicher Enthüllungsjournalismus, der vor allem den eigenen Profit im Auge hat. Bewusst in die Welt gesetzte „Fake News“, um politische Positionen zu rechtfertigen, die an Hannah Arendts berühmte Äußerung erinnern, wonach Lügen „zum Handwerkszeug des Staatsmanns gehören“. Kriegsberichterstattungen mit dreist gefälschten Informationen, um das Vorgehen der Regierung zu begründen und die heimische Bevölkerung zu beruhigen. Alle Arten von abwertenden Vorurteilen gegenüber gesellschaftlichen Minderheiten oder ausländischen Mitbürgern, um die eigene Position aufzuwerten. Ganze Epidemien von Hassmails in den sozialen Medien, die aus einer offenkundigen Lust an der Kränkung und Beleidigung des anderen das öffentliche Klima zu vergiften drohen. Mobbing im Büro, in der Schule, im Kindergarten. Unsere Welt ist offenbar nicht nur – mit Luther gesprochen – „ein großer, weiter Stall voll großer Diebe", sondern auch voll großer Lügner. Zum Schaden aller.

Demgegenüber geht die ganze Intention des neunten Gebots dahin, mit „nicht falschen" Worten Schaden *abzuwenden*, ob von einem einzelnen Menschen oder einer Gemeinschaft. Luthers „alles zum besten kehren" meint gerade nicht: alles unter den Teppich kehren oder unangenehme Wahrheiten schönreden. Es meint, dass wir mit unserem Reden dem anderen gegenüber immer seine Würde – die alten Katechismen reden von „Ehre" – im Blick behalten müssen. Diese wird aber nicht automatisch dadurch bewahrt, dass wir in jeder Situation, sozusagen ohne Rücksicht auf Verluste, alle uns zur Verfügung stehenden Fakten, Meinungen, Sympathien und Antipathien hinausposaunen. Sie wird nur so bewahrt, dass wir überall dort, wo unsere Rede oder auch unser Schweigen herausgefordert ist, uns die Gewissensfrage stellen, welches wahre Motiv unser Verhalten bewegt: ein Eigenvorteil auf Kosten des anderen oder die Orientierung am Wohl des Nächsten, wer es auch sei. „Besonders der, der unsere Hilfe braucht." Das Gebot, „nicht falsch Zeugnis zu reden", nimmt uns also immer wieder neu in eine hohe Verantwortung hinein: ob bei der Steuerklärung oder beim Dankeschön für ein ungeliebtes Halstuch, ob am Krankenbett oder in einer zu klärenden Beziehung, ob in den verschiedenen Konflikten in Familie, Schule, Beruf, Nachbarschaft, Verein und Gemeinde oder in einer gesellschaftlichen und politischen Auseinandersetzung.

Dabei wird man die erwähnten biblischen Lügengeschichten sicher nicht dahingehend für sich vereinnahmen dürfen, dass man es mit der Wahrheit am Ende nicht so genau nehmen müsse. Die Einsicht, dass man mit einer Lüge auch Schaden abwenden, ja auch einen unproblematischen Nutzen herbeiführen kann, hat auch etwas Gefährliches an sich. Zumal wir ja immer und von vornherein zu wissen meinen, was für uns und andere schädlich oder nützlich ist. Die Möglichkeit der Lüge ist kein leichtfertig zu handhabendes Instrument zum angeblichen Wohle aller. Sie bleibt die unbedingte Ausnahme, und zwar nur dort, wo die Not übergroß zu werden droht. So wie ja auch ein Mundraub nicht ein allgemeines Stehlen rechtfertigt. Bei der Wahrheit zu bleiben, hat grundsätzlich – wie wir nicht nur aus der Klärung vieler persönlicher Konflikte wissen – zunächst einmal eine große Verheißung. „Die Wahrheit wird euch frei machen", sagt Jesus (Johannes 8, 32). Er wird seine Gründe haben.

Das neunte Gebot formuliert – wie etliche andere Gebote auch – negativ: „*nicht* falsch Zeugnis reden". Seine Zielrichtung geht indes weit über das hinaus, was man tunlichst unterlassen sollte. Es ist ein menschliches Reden, das man im Sinne der erwähnten reformatorischen Katechismen mit dem heutigen Begriff der Wertschätzung bezeichnen kann. Noch einmal mit Worten des alten Augustin:

> „Miteinander reden und lachen,
> sich gegenseitig Gefälligkeiten erweisen,
> zusammen schöne Bücher lesen,

sich necken,
dabei aber auch einander Achtung erweisen,
mitunter sich auch streiten – ohne Hass,
wie man es auch mit sich tut,
manchmal auch in den Meinungen auseinandergehen
und damit die Eintracht würzen,
einander belehren und voneinander lernen,
die Abwesenden schmerzlich vermissen
und die Ankommenden freudig begrüßen
– lauter Zeichen der Liebe und Gegenliebe,
die aus dem Herzen kommen,
sich äußern in Miene und Wort,
im Auge und in tausend freundlichen Gesten
und wie Zündstoff den Geist
in Gemeinsamkeit entflammen,
sodass aus Vielheit Einheit wird.“

XII. „NICHT BEGEHREN“

Das Ende der Habsucht

1. „Mein Haus, mein Auto, mein Boot“

„Du sollst begehren.“ Vom Cover des Buches gleichen Titels sieht mich eine überaus sparsam bekleidete Blondine durch das Objektiv ihrer Kamera an. Geschickt hat der Autor Gay Talese eine kleine Verfremdung des zehnten Gebots benutzt, um an die vermuteten Instinkte der Käuferschaft zu appellieren. Neun Jahre, so erfahren wir aus dem Klappentext, habe sich der Verfasser „auf die Spuren der sexuellen Revolution“ begeben und dabei sogar seine Ehe aufs Spiel gesetzt. Das Ergebnis seiner mühevollen Recherche sei nicht nur „ein Glanzstück literarischen Journalismus“, sondern habe auch „bis heute nichts von seiner Aktualität verloren“. Denn – so die abschließende Botschaft des Verlages – „die Sehnsüchte der sexuellen Revolution schlummern in uns allen“.

Es scheint fast so, als ob allein das Wort „begehren“ eine ganze Lawine an schwülstigen Assoziationen freisetzt. Man muss leider sagen, dass die kirchliche Tradition im Laufe ihrer Geschichte auch kräftig das Ihre dazu beigetragen hat, wenn sie – mit einseitigem Bezug auf die zweite Version der Zehn Gebote in 5. Mose 5 – für „Du sollst nicht begehren deines Nächsten Frau“ ein eigenständiges Gebot reklamiert hat. So unter anderem in den einschlägigen katholischen Katechismen. Damit wird dieser speziellen Thematik natürlich ein besonderes Gewicht verliehen. Der „literarische Journalist“ Gay Talese lässt grüßen.

Schon auf dem berühmten Tafelbild der Zehn Gebote von *Lucas Cranach* dem Älteren aus dem Jahr 1516 ist zur Auslegung des Begehrensverbots eine eindeutige Bettszene zu sehen. Sie zeigt ein Ehepaar offenbar sehr ungleichen Alters. Der Mann schon etwas in die Jahre gekommen und halb wach zur Seite gewendet. Die offensichtlich wesentlich jüngere Frau zur anderen Seite einem Liebhaber zugewandt, der sie bereits berührt. Im Hintergrund ein fledermausartiger Dämon, zusätzlich mit eindeutigen weiblichen Attributen versehen. Darunter: „Du solt keins andern gemahel begeren“. Seither überschlagen sich Liebesromane, vorabendliche Seifenopern und nicht tot zu kriegende „bunte Blätter“ mit immer neuen Bettgeschichten, die vor allem aus einer vermeintlichen Sündhaftigkeit des erotischen Begehrens ihren Reiz und ihren Verkaufserfolg beziehen. Denn – so der Liedermacher Wolf Biermann – „was verboten ist, das macht uns grade scharf“.

Man könnte fragen: Und was ist mit „Haus, Acker, Knecht, Magd, Rind, Esel“, die doch immerhin auch genannt werden und ziemlich auffallend an „mein Haus, mein Auto, mein Boot“ erinnern? Man hat den Werbespot eines größeren deutschen Geldinstituts noch deutlich vor Augen und Ohren. Zwei alte Bekannte versuchen, sich gegenseitig mit ihren opulenten Besitztümern zu übertrumpfen. Das Geheimnis des neben Haus, Auto und Boot mit Brunnen, Swimmingpool und Reitpferd deutlich Erfolgreicheren: „mein Anlageberater“. Auch ist uns noch der eine oder andere Quizabend präsent, wo der glücklichen Gewinnerin einer größeren Summe Geldes auf die Frage, was sie denn nun damit zu tun gedenke, nichts Besseres einfällt als die Anschaffung einer schicken neuen Einbauküche, die sie neulich bei ihrer Freundin gesehen habe. „Mit allem Drum und Dran.“

Für den ehemaligen und seinerzeit wegen Untreue und Steuerhinterziehung zu einer mehrjährigen Haftstrafe verurteilten Topmanager Thomas Middelhoff ist die für diesen Berufsstand typische Sünde schlicht die Gier, ja eine Todsünde. Der finanzielle Überfluss habe ihn auf immer neue Ideen gebracht bis hin zu einer millionenschweren Luxusjacht, die er offenbar gar nicht gebraucht habe. „Dann war ich einmal drauf gegangen und war ratlos. Die Jacht hat mich nicht glücklich gemacht. Ich war rastlos und konnte die Jacht nicht mehr genießen.“ Unsere wirtschaftlichen Führungskräfte – unglückliche Opfer ihres nimmersatten Begehrens?

Während Fußballprofis für immer höhere Jahresgehälter im sieben- und achtstelligen Bereich den Verein wie ihr Hemd wechseln, erinnert man sich noch fast gerührt an den einstigen Kapitän der deutschen Fußballnationalmannschaft, Uwe Seeler, der 1961 ein Millionenangebot aus Italien mit der Begründung ausschlug, dass er „am Tag auch nicht mehr als ein Kotelett essen“ könne. So die Legende. Immerhin hatte der bekannte Hamburger Theologieprofessor Helmut Thielicke ihn zuvor öffentlich ermahnt, „der Jugend unseres Volkes ein Leitbild für die Lauterkeit der Gesinnung zu werden“. Hätte der Herr Professor bei der Gelegenheit nicht einfach das zehnte Gebot zitieren können?

Beim Blick auf den gesamten Text der Zehn Gebote fragt man sich indes, was denn eigentlich das Besondere an diesem Gebot sein soll, zumal ja von manchen seiner konkret genannten „Objekte“ bereits anderenorts ausführlich die Rede war. Man denke nur an all das, was wir uns im Zusammenhang mit „Du sollst nicht ehebrechen“ oder „Du sollst nicht stehlen“ klargemacht haben. Doch vielleicht hat die Bibel ja ihre Gründe, wenn sie in diesem Gebot das *Begehren* alles dessen, „was dein Nächster hat“, eigens thematisiert. Dazu müssen wir sie allerdings – ein vorläufig letztes Mal – aufschlagen.

2. Keine Verteufelung der Leidenschaft

Versuchen wir zunächst einmal zu klären, was es mit dem Wort „begehren“ überhaupt auf sich hat. Wie schon so oft so hat auch hier das hebräische Ursprungswort („chamad“; in 5. Mose 5 wird in der Wiederholung noch ein anderes Wort, das aber dasselbe meint, verwendet) eine gewisse Bedeutungsbreite. So bezeichnet es zunächst nichts weiter als eine bestimmte *Gesinnung* beziehungsweise *Haltung*, in der jemand auf irgendetwas aus ist, vehement nach irgendetwas verlangt, vielleicht auch einfach nur irgendetwas unbedingt will. Verwerflich ist an solch einer Haltung erst einmal gar nichts. Im Gegenteil: Manch eine segensreiche, menschliche Tat, etwa eine Entdeckung, eine Erfindung oder eine künstlerische Leistung, ist ja nur dadurch zustande gekommen, dass sich der Betreffende zuvor irgendetwas wie wild in den Kopf gesetzt hatte. Bei den Bibelstellen, wo „chamad“ vorkommt, fällt allerdings auf, dass diese Haltung nur in problematischen Zusammenhängen auftaucht. So ist vor allem des Gottlosen „Begehren“ – Luther spricht sogar von „Lust" –, nichts weiter als „Schaden zu tun" (Psalm 68, 12).

In diesem Sinne ist das Begehren eine Art Vorstufe zu einem in der Tat verwerflichen *Verhalten.* Das kann man sich gut an der bereits erwähnten Geschichte von Achan veranschaulichen (vgl. Josua 7). Sie führt uns in die Zeit zu Beginn der Einnahme des gelobten Landes, unmittelbar nach der Eroberung der Stadt Jericho. Die dabei gemachte Beute durfte allerdings nicht dem Volk zufallen, sondern sollte für Gott „gebannt" sein, das heißt an einem ihm gewidmeten Heiligtum Verwendung finden. Von Achan nun wird berichtet, dass er sich genau an diesem „Gebannten" vergreift. Mithilfe eines ausgeklügelten Findungssystems wird der Mann entlarvt und öffentlich zur Rede gestellt. Seine Erklärung: „Ich sah unter der Beute einen kostbaren babylonischen Mantel und zweihundert Lot Silber und eine Stange von Gold, fünfzig Lot schwer; danach gelüstete (chamad) mich und ich nahm es." Achans weiteres Schicksal ist schrecklich.

Im Sinne einer solchen Vorstufe für eine verwerfliche Tat finden wir das Motiv des Begehrens im Neuen Testament vor allem in Jesu Wort über den Ehebruch: „Ihr habt gehört, dass gesagt ist: ‚Du sollst nicht ehebrechen.' Ich aber sage euch: Wer eine Frau ansieht, sie zu begehren, der hat schon mit ihr die Ehe gebrochen in seinem Herzen" (Matthäus 5, 27f). Als Vorstufe stellt das Begehren also keineswegs eine untergeordnete, harmlosere Form einer verwerflichen Tat dar, sondern geradezu deren Radikalisierung. In Gottes Augen beginnt das Unrecht nicht erst da, wo Hand angelegt wird, sondern bereits im Inneren des Menschen, „in seinem Herzen", eben bei seiner Gesinnung und grundsätzlichen Haltung. Wenn man so will: eine ganzheitliche Sicht menschlichen Handelns. Martin Luther hat diese Sichtweise zum Beispiel in seinem bekannten Schuldbekenntnis, wonach „wir gesündigt haben mit Gedanken, Worten und Werken“, zum Ausdruck gebracht.

Nun wird auch erklärlich, weshalb „chamad“ nicht selten fast nahtlos von einer bloßen Gesinnung in eine konkrete begehrende *Machenschaft* übergeht, nämlich in ein gieriges Raffen und unersättliches An-sich-Reißen von dem, was einem nicht gehört. So beklagt sich der Prophet Micha bitter über die Mächtigen im Land: „Sie gieren (chamad) nach Feldern und nehmen sie weg, nach Häusern und reißen sie an sich. So treiben sie Gewalt mit eines jeden Hause und mit eines jeden Erbe“ (Micha 2, 2). Und das, obwohl man die alte Verheißung Gottes vielleicht noch im Ohr haben müsste: „Niemand soll dein Land an sich reißen“ (2. Mose 34, 24). Von der Haltung zu einem entsprechenden Verhalten, ja einer Handlung, ist es eben oft nur ein kleiner Schritt. Kein Wunder, dass im Neuen Testament bereits die Habsucht als „Götzendienst“ (Epheser 5, 5, Kolosser 3, 5) bezeichnet wird. Vor allem ist „die Geldgier eine Wurzel alles Übels“ (1. Timotheus 6, 10). Für die mittelalterliche Theologie gehörte die Habgier zu den sieben sogenannten „Todsünden“. Unser Exmanager kennt das. Er ist Katholik.

Die im zehnten Gebot genannten *Objekte* des Begehrens – „Haus, Frau, Acker, Knecht, Magd, Rind, Esel“ – erinnern stark an die Aufzählung, die uns bereits im Sabbatgebot begegnet ist. Sie entführt uns einmal mehr in die vergangene und uns eher fremde Welt des alten Israel, in der sich die Gesellschaft, das „Volk“, in Stämmen und Großfamilien organisierte. In der damaligen Zeit war das für den einzelnen Menschen die einzige Möglichkeit zu leben und zu überleben. Auf der dunklen

Folie der ägyptischen Vergangenheit, nämlich der Erfahrung von Knechtschaft, Unfreiheit, Ausbeutung und Entfremdung, kann man dieses Gesellschaftsmodell durchaus als eine positive Alternative ansehen, als die Konkretisierung eines freien und materiell gesicherten Lebens. Wer das anzutasten „begehrte", verging sich also an einem Teil der Verheißung auf ein Land, in dem „Milch und Honig fließen", mithin an Gott selbst.

Auch die auffallende Zusammenstellung der Objekte von *Personen* (Frau, Knecht, Magd), *Tieren* (Rind, Esel) und *Sachen* (Haus, Acker, „alles, was dein Nächster hat") mag uns stören. Sie ist ein abermaliger Ausdruck der von uns so bezeichneten patriarchalischen Verhältnisse, in denen der Mann eben der Besitzer des gesamten „Hauses" mit allen darin befindlichen Personen, Tieren und Sachen war. Die bleibende Botschaft des zehnten Gebots an dieser Stelle ist nicht, solche Verhältnisse, die in der gesamten Alten Welt üblich waren, zu akzeptieren oder gar zu übernehmen, sondern – ähnlich wie beim Verbot des Stehlens – die materielle Lebensgrundlage und damit Integrität und Unabhängigkeit des anderen schlicht zu respektieren. Das Gebot wehrt der imperialen Verfügung über Gegenstände, Tiere und eben auch Menschen. Dabei fällt auf, dass es sich bei den Personen solcher Übergriffigkeiten um damals rechtlich Mindergestellte (Frauen) und sozial Deklassierte (Knechte und Mägde, wohl eher Sklaven) handelt. Einmal mehr ein Zeichen für die immer wieder durchbrechende Parteilichkeit Gottes für die Armen und Entrechteten. Auch hier ist die Handschrift der Präambel deutlich zu erkennen.

Wer also aus dem zehnten Gebot eine generelle Abwertung von Begehren und Leidenschaft heraushören will, liest in den Text etwas hinein, was nicht darin steht. Im Gegenteil: Die Bibel ist voll von Geschichten, in denen Leidenschaft eine positive Rolle spielt. Man denke an Abrahams vehemente Fürbitte für seinen Neffen Lot (1. Mose 18, 16ff), an Jakobs ungestümes Ringen um den Segen (1. Mose 32, 23ff) oder auch an Davids heftige (und berechtigte) Empörung über sein eigenes Unrecht (2. Samuel 12), von dem glühenden Eifer verschiedener Propheten für die Sache Gottes ganz zu schweigen. Im Neuen Testament wird etwa immer wieder einem unablässigen Gebet das Wort geredet (vgl. zum Beispiel 1. Timotheus 5, 17), veranschaulicht in den Gleichnissen vom bittenden Freund (Lukas 11, 5ff) oder der nervenden Witwe (Lukas 18, 1ff), die ihrem Gegenüber jeweils in positiver Weise auf den Wecker gehen. Im letzten Buch der Bibel wird ausdrücklich die Lauheit des Glaubens massiv gegeißelt: „Ach dass du kalt oder warm wärest! Weil du aber lau bist und weder warm noch kalt, werde ich dich ausspeien aus meinem Munde“ (Offenbarung 3, 15f). Selbst Gott wird gelegentlich als ein leidenschaftlicher, „ein eifernder Gott“ (vgl. das zweite Gebot) geschildert – aber eben: im Kampf für Frieden, Recht und Gerechtigkeit: „Solches wird tun der Eifer des Herrn Zebaoth“ (Jesaja 9, 6).

Noch weniger eignet sich das Verbot des Begehrens als biblischer Beleg für eine angebliche grundsätzliche Lust- und Sinnenfeindlichkeit des Glaubens. Nirgendwo wird das erotische Verlangen von Menschen als solches moralisch gegeißelt. Im Gegenteil: Man lese nur einmal in Ruhe (oder auch in freudiger Unruhe) das Hohelied Salomos, ein Buch voller knisternder Erotik und eindeutig zweideutiger sexueller Anspielungen. Die Bibel wird ihre Gründe haben, weshalb sie einen solchen Text in ihren Reihen belässt. Dass zwei Menschen „ein Fleisch werden“, ist Gottes Schöpferwille (1. Mose 2, 24). Dass das sexuelle Begehren allerdings auch seine Schattenseiten haben, ja zu Übergriffen, Kränkungen und Verletzungen führen kann, gehört auch zur menschlichen Realität. Gerade das zehnte Gebot mit seiner besonderen Erwähnung der Frau deutet das ja an. Aber solche möglichen Missbräuche haben wir bei den anderen Geboten auch schon in Rechnung gestellt, etwa bei einem rücksichtslosen Hinausposaunen der „Wahrheit“.

Das zehnte Gebot fordert oder fördert also keineswegs einen leidenschaftslosen, gleichgültigen, lethargischen, womöglich auch noch unerotischen Glauben, sondern will grundsätzlich auf seine Weise das Existenzrecht von Menschen sichern und unter ihnen – einmal mehr – besonders die Schwachen in Schutz nehmen. Genug Stoff also, um uns in die eine oder andere Auseinandersetzung unserer Tage einzumischen.

3. „Sein“ statt „Haben“

Psychotherapeuten berichten häufig davon, dass unter gläubigen Menschen mehr als bei anderen gewisse sexuelle Verklemmungen, ja zwanghafte Neurosen zu beobachten seien, verbunden mit belastenden Schuldgefühlen. Ursache sei meist eine bestimmte christliche Erziehung, in der unter anderem der Verweis auf das Gebot „Du sollst nicht begehren ...“ eine entsprechende Rolle gespielt habe. Wie wenig sich das mit dem ursprünglichen Sinn des zehnten Gebots zusammenreimt, haben wir zu klären versucht. Dieses ist in keiner Weise als Aufruf zu einer generellen Triebverdrängung geeignet. Nur mühsam beginnt die Kirche in den letzten Jahrzehnten, sich aus einer Jahrhunderte währenden Tradition zu lösen, die der Kirchenvater Augustin mit seinem verhängnisvollen Wort von der „bösen

Begehrlichkeit" auf den Weg gebracht hat. Nicht nur von der Psychologie, sondern bereits von den biblischen Texten selbst her hätte man seit Langem wissen können und müssen, dass das „Begehren" zum Menschsein gehört. Dass es nicht zuletzt eine überaus wichtige Triebfeder ist, um vitale Bedürfnisse des Lebens überhaupt zu befriedigen und darüber hinaus auch immer wieder Neues zu schaffen – etwa in der Wissenschaft, in der Kultur oder überhaupt in der Gestaltung unserer Welt.

Die im zehnten Gebot genannten Objekte machen indes deutlich, dass es hier vielmehr um ein *bestimmtes* Begehren geht. Nämlich um die Habsucht derer, die ohnehin schon genug haben, gegenüber den Habenichtsen und Wehrlosen. Es geht um die Gier der Besitzenden, um Raffen, um unmäßiges Horten und die hemmungslose Vernutzung von Menschen, Tieren und Dingen für eigene Interessen. Es geht um eine Lebenshaltung, die sich dem Haben und dem Immer-mehr-haben-Wollen verschrieben hat, also um ein letztlich *destruktives* Begehren, das jener vitalen Triebfeder geradezu entgegenläuft.

Bereits vor Jahrzehnten hat der Sozialpsychologe Erich Fromm in unserer gegenwärtigen Zivilisation eine fatale Weichenstellung diagnostiziert. Danach werde unsere Lebensqualität weitgehend von der Kategorie des „*Habens*" bestimmt, das heißt, der Wert eines Menschen bestimme sich in zunehmendem Maße nicht durch das, was er sei, sondern durch das, was er habe: Privateigentum, Wissen, Macht und soziales Ansehen. Irgendwann werde dann alles zum Besitz, selbst Freunde, Partner und Kinder. Getreu dem alten Werbeslogan „Hast du was, bist du was". Für solch eine Existenzweise macht Fromm vor allem unser kapitalistisches Wirtschaftssystem verantwortlich, das den Einzelnen geradezu aggressiv dazu animiere, immer mehr haben zu wollen. Die grundsätzliche Alternative dazu sei die Existenzweise des *Seins.* Hier gelte nicht, was der Mensch hat, sondern was er ist: vor allem ein Wesen in Beziehungen, im Erleben und in einer kreativen Beschäftigung mit der Welt. Ist es völlig verfehlt, Fromms programmatische Schrift „Haben oder Sein“ auch einmal als einen modernen Kommentar zum zehnten Gebot zu lesen? Und ist es völlig übertrieben, wenn man von dorther auch einmal einen grundsätzlich kritischen Blick auf ein Wirtschaftssystem richtet, das zuhöchst von einer Bedarfsreizung zum Zwecke der Profitmaximierung lebt? Das das Begehren im Sinne eines Immer-mehr-haben-Wollens gewissermaßen zum Lebensprinzip erklärt und kein Empfinden mehr für maßlosen Konsum, Ressourcenverschwendung und Umweltbelastung zu haben scheint?

Die besondere Erwähnung der *Frau* als Objekt des Begehrens konfrontiert uns darüber hinaus in sehr unmittelbarer Weise mit der aktuellen Debatte um sexuelle Übergriffe vor allem gegenüber Frauen und Kindern. „Ich weiß aus meiner Kindheit, wie es ist, im Bus zu sitzen, und plötzlich legt dir ein älterer Herr die Hand aufs Bein“, berichtet die Politikerin Annalena Baerbock. Es ist nur ein Votum unter vielen Tausenden. Immer mehr Frauen berichten darüber, wie sie in ihrem Leben, nicht nur in ihrer Jugend, Opfer besitzergreifenden, begehrlichen, nötigenden und nicht zuletzt gewaltsamen Verhaltens geworden sind – in sexistischen Bemerkungen, anzüglichen Gesten oder massiven Handgreiflichkeiten. Einem solchen destruktiven Begehren wehrt das zehnte Gebot in der Tat. Und zwar ohne jeglichen Kompromiss. „Du sollst nicht begehren deines Nächsten Frau.“ Ende der Durchsage.

Deshalb hat man immer wieder die Frage gestellt, ob das zehnte Gebot nicht letztlich eine Verdoppelung der Gebote „Du sollst nicht ehebrechen“ und „Du sollst nicht stehlen“ darstellt, in denen es ja auch um konkrete übergriffige Machenschaften geht. Doch im biblischen „Begehren“ liegt, wie wir gesehen haben, eine größere Bedeutungsbreite – von der begehrlichen Gesinnung bis hin zur vollendeten Tat des An-sich-Reißens. Damit wird deutlich, wie eng eine bestimmte *Haltung* mit einem daraus folgenden *Verhalten* verknüpft ist, eine bestimmte *Gesinnung* mit einer daraus folgenden *Tat*. Um ein historisches Beispiel zu bemühen: Die Nationalsozialisten hätten nicht so mühelos jüdische Wohnungen, Häuser und Geschäfte an sich reißen können, wenn nicht zuvor eine bestimmte rassistische Gesinnung in ihren Köpfen Platz gegriffen hätte. Wo man der Meinung ist, dass ein anderer Mensch eigentlich gar kein Mensch ist, sondern ein Untermensch oder gar Ungeziefer, ist die Hemmschwelle zu einem ausgrenzenden und vernichtenden Verhalten praktisch aufgehoben. Und wenn heute von allen Seiten gepredigt wird, dass es vor allem darauf ankomme, was man *hat*, ist die Hemmschwelle zu einem Lebensstil, der keine Rücksicht mehr auf das Ergehen anderer Menschen, auf das Wohl von Tieren oder auf einen nachhaltigen Umgang mit der Natur meint nehmen zu müssen, eher gering. Verhalten fängt im Kopf an. Das zehnte Gebot ist ein gutes Beispiel dafür, wenn auch ein erschütterndes.

In einer kleinen, für junge Menschen bestimmten Broschüre übersetzte vor Jahren der Theologe Ernst Lange das Gebot „Du sollst nicht begehren …“ mit „Du brauchst nicht neidisch zu sein!“. Damit begab er sich in eine lange, bis heute anhaltende kirchliche Auslegungstradition, die das Verbot des Begehrens auf die individuelle Untugend des *Neids* reduziert. Gewiss kennt die Bibel das Problem der Missgunst, der Eifersucht und des „scheelen Dreinsehens“ (Matthäus 20, 15) auf das, was der andere mehr hat oder besser kann als ich. Ganze Geschichten leben von diesem Motiv – angefangen bei Kain und Abel (1. Mose 4) über Josef und seine Brüder (1. Mose 37) bis hin zu den Arbeitern im Weinberg (Matthäus 20) oder dem älteren der beiden verlorenen Brüder (Lukas 15). Auch taucht der Neid immer wieder in den sogenannten Lasterkatalogen der neutestamentlichen Briefe auf (vgl. zum Beispiel Römer 1, 29; Galater 5, 21; 1. Timotheus 6, 4; 1. Petrus 2, 1). Jeder weiß, dass Missgunst – nach katholischer Lehre eine der sieben Hauptsünden – das persönliche Miteinander vergiften kann und oft verheerende Folgen für alle Beteiligten mit sich bringt. Doch macht stutzig, dass in letzter Zeit das Wort „Neid“ fast nur noch im Munde von Wohlhabenden auftaucht. Meist dann, wenn es darum geht, sich gegen unbequeme soziale Forderungen abzuschotten. Aber kann das ernsthaft sein: die Autorität eines biblischen Gebots zur Aufrechterhaltung der eigenen Wohlstandsinteressen zu instrumentalisieren? Da stockt einem doch der Atem. Es könnte doch sein, dass derjenige, der einen höheren Mindestlohn oder eine bessere Rente „begehrt“, gar keinen Sozialneid gegen Zwanzigjährige hegt, die bereits Millionen scheffeln, sondern nur ein bisschen mehr Gerechtigkeit will.

Mit dem zehnten Gebot ist jedenfalls keine Umkehrung der Botschaft zu begründen, die sich von der Präambel her konsequent durch alle Gebote hindurchzieht, nämlich dass Gott – so wie er sich in der Befreiung seines Volkes aus der ägyptischen Knechtschaft exemplarisch auf die Seite der Schwachen gestellt hat – grundsätzlich Partei für die Armen ergreift. Man könnte nun kritisch fragen: Also ist Gott nur für die einen da? Für die Armen und Schwachen? Während die anderen, die Reichen und Mächtigen, sehen müssen, wo sie bleiben? Nein, sagt die Bibel, dieser Gott ist und bleibt in der Tat für *alle* da. Aber nicht für jeden in gleicher Weise. So wie Maria es bereits in ihrem berühmten Weihnachtslied singt: „Er stößt die Gewaltigen vom Thron und erhebt die Niedrigen. Die Hungrigen füllt er mit Gütern und lässt die Reichen leer ausgehen" (Lukas 1, 52f). Vielleicht ist es ja auch für die Gewaltigen und Reichen am Ende eine Befreiung, vom Elend ihrer Gewalt und vom Elend ihres Reichtums befreit zu werden. Immerhin sagt Thomas Middelhoff, der bis ins Gefängnis abgestürzte Topmanager heute von sich: „Dir geht es eigentlich immer besser, je mehr dir weggenommen wird." Eine Einsicht, die er nach eigenem Bekunden – man staune – aus der Lektüre der Bibel gewonnen hat.

XIII. JOB ERLEDIGT

Oder: Wozu die Zehn Gebote überhaupt da sind

„Das ist nun mal Ihr Job." Etwas gereizt hat soeben der Abteilungsleiter Herrn Neumann die Unterlagen, die heute noch dringend bearbeitet werden müssen, auf den Tisch geknallt. Statistiken gehören nicht zu Herrn Neumanns Lieblingsbeschäftigungen. Aber was getan werden muss, muss getan werden. Es ist nun mal „sein Job". Wir kennen das. Wer hat nicht alles „seinen Job" zu erledigen? Horst-Dieter, der – so die eheliche Vereinbarung – in der Wohnung für den Müll zuständig ist. Frau Große-Holtfurth, die im Kleingartenverein „Heimattreue" die Kasse unter sich hat. Selbst der amerikanische Präsident spricht gelegentlich davon, dass er irgendwo auf der weiten Welt „noch einen Job zu erledigen" habe.

Haben die Zehn Gebote eigentlich auch einen bestimmten „Job zu erledigen"? Das klingt vielleicht etwas komisch. Aber genau diese Fragen haben sich die Reformatoren bei ihrer Beschäftigung mit den Geboten gestellt. Statt Job sprechen sie allerdings vom Amt (lateinisch: officium). Später bürgert sich mehr das Wort Gebrauch (lateinisch: usus) ein. Ja, in der Tat, so ist ihre Erkenntnis, die Gebote – sie sprechen meist mehr von „Gesetz" – leisten uns in mehrfacher Hinsicht einen ganz bestimmten, unverwechselbaren Dienst, genau genommen: einen *dreifachen*, der sich wieder in seinem jeweiligen Gebrauch zeigt.

Der erste Gebrauch des Gesetzes ist ein *politischer* (lateinisch: usus politicus). Danach ist die Aufgabe der Gebote zunächst, im öffentlichen Zusammenleben der Menschen schlicht und einfach für Recht und Ordnung zu sorgen und das Unrecht sozusagen im Zaum zu halten (peccata coercere), man könnte auch sagen: das Schlimmste zu verhüten. Ohne solche Grenzziehungen würde unser Gemeinwesen im Chaos versinken. Wer wollte das bestreiten? Insoweit haben Thomas Mann und Heino durchaus recht, wenn sie die Zehn Gebote als „Quintessenz des Menschenanstandes" beziehungsweise als „allgemeingültige Werte" bezeichnen. Um diese politische Bedeutung der Gebote anzuerkennen, bedarf es nach Meinung der Reformatoren noch nicht einmal des Glaubens, sondern nur einer vernünftigen Einsicht. Aber auch der politische Gebrauch der Gebote bleibt ein Dienst *Gottes* an uns, auch wenn das nicht immer für alle erkennbar ist. Luther spricht hier von einer „Mummerei" Gottes. Mummerei hin oder her – jedenfalls braucht der christliche Glaube, wie ihm ja häufig von außen empfohlen wird, durchaus keine Zurückhaltung zu üben, wenn es darum geht, sich um Gottes willen in die öffentlichen Dinge einzumischen.

Der zweite Gebrauch des Gesetzes ist nach diesem Modell ein exklusiv *theologischer* (usus theologicus oder elenchticus = „überführend"). Er meint, dass die Gebote über ihre politische Bedeutung hinaus dazu da sind, um die menschliche Sünde aufzudecken. Erst an den Geboten merke man überhaupt, wie sehr man an unrechten Taten beteiligt und insofern geradezu hoffnungslos in Schuld verstrickt sei. So fragt zum Beispiel der Heidelberger Katechismus: „Woher erkennst du dein Elend?" Um dann selbst kurz und bündig zu antworten: „Aus dem Gesetz Gottes" (Frage 3). Die Gebote halten uns also gewissermaßen einen Spiegel vor, und zwar einen ziemlich schonungslosen. Das ist erst einmal ärgerlich, zumal sich der normale Mensch in der Regel für einen einigermaßen anständigen Kerl hält. Doch der Glaube sieht in dieser überführenden Funktion des Gesetzes noch etwas anderes, nämlich eine Art Erziehung auf Christus hin (vgl. Galater 3, 24). Es ist praktisch wie bei einem Arzt. Da kann eine schonungslose Diagnose mitunter ziemlich schmerzhaft sein. Aber gerade darin liegt eine unabdingbare Voraussetzung für Heilung.

Gegenüber Luther haben sein Kollege Philipp Melanchthon und später die Reformierten noch einen dritten Gebrauch des Gesetzes ausgemacht, Calvin nennt ihn sogar den „vorzüglichen". Es ist das Amt, das das Gesetz noch einmal in ganz neuer Weise unter den *Wiedergeborenen* ausübt (usus in renatis). Damit ist gemeint, dass die Gebote Gottes auch für einen Christenmenschen ohne Wenn und Aber in Geltung bleiben. Das oft zitierte Wort des Apostels Paulus, wonach „Christus des Gesetzes Ende" (griechisch: telos) sei (Römer 10, 4), meint nicht die Aufhebung der Gebote, sondern ihr Ziel, ja ihre Erfüllung (beides kann nämlich telos auch bedeuten). Damit bekommen die Gebote für den Glauben in der Tat noch einmal ein völlig anderes Gesicht. Nun geht es nicht mehr nur darum, Schlimmeres zu verhüten oder sich über das eigene Unrecht Gedanken zu machen, nun geht es darum, dass es *Freude* macht, nach den Geboten Gottes zu leben.

Doch da gibt es ein kleines Problem. Es besteht darin, dass die Zehn Gebote nun einmal voll mit Dingen sind, die man gefälligst *unterlassen* sollte: Du sollst dieses nicht und du sollst jenes nicht. Keine anderen Götter hier, kein Bildnis da. Und so fort. Insgesamt 16 Mal – ich habe nachgezählt – tauchen solche verneinenden Formulierungen innerhalb der Zehn Gebote auf. Ein einziger Wald mit Verbotsschildern, so scheint es. Ein enger Sittenkodex, in dem man ängstlich darauf bedacht ist, nur ja nichts falsch zu machen, kein unerlaubtes Terrain zu betreten, keinen Anstoß zu erregen. Wie hatte noch jener Konfirmand auf die Frage, was das Christentum sei, geantwortet? „Alles, was man nicht darf." Da kommt in der Regel wenig Freude auf. Also: Ist das Christentum – über das Judentum sollten wir uns eines Urteils enthalten – vor allem eine Verbotsreligion? Eine einengende, zwanghafte, moralisierende, piefige, griesgrämige, unfrei und unfroh machende Angelegenheit?

Dieses Image des christlichen Glaubens steht nicht erst seit gestern im Raum. „Erlöster müssten mir die Christen aussehen, wenn ich an ihren Erlöser glauben sollte", soll der berühmte Philosoph Friedrich Nietzsche bereits im 19. Jahrhundert gesagt haben. Man fragt sich: Ist sein Eindruck so falsch? Ja, es gibt offenbar diese Außenwirkung, dieses Erscheinungsbild von Kirche. Der einstige Liedermacher Franz Josef Degenhardt hat es so beobachtet:

> „Da treten sie zum Kirchgang an,
> ... und dann kommen sie zurück
> mit dem gleichen bösen Blick."

Ich gebe zu, es mag manch einen Christenmenschen geben, der wenig dazu beiträgt, einen anderen Eindruck von Christentum zu vermitteln. Vielleicht gehöre ich manchmal auch selbst dazu. Ich weiß es nicht.

Doch zur ganzen Wahrheit gehört auch, dass ein solches Erscheinungsbild sich wenig zusammenreimt mit dem, was wir uns in vielen Kapiteln über die Zehn Gebote klargemacht haben. Das ist vor allem anderen, dass der von der Präambel vorgegebene Grundton der Gebote gerade nicht verbietend und einengend, sondern *befreiend* ist. Wollte man es anders – früher hätte man gesagt: „gesetzlich“ – verstehen, so wären die Gebote ja nichts weiter als eine Einweisung in eine neue Knechtschaft, und sei es auch nur die Knechtschaft einer religiösen Reglementiererei oder einer miefigen kleinbürgerlichen Moral. Absurd – angesichts der Tatsache, dass das Volk, so die biblische Geschichte, doch soeben der Knechtschaft entronnen und ihm eine neue, freie Zukunft verheißen ist.

Doch der dritte Gebrauch des Gesetzes hebt genau auf diese neu gewonnene Freiheit ab. Der Heidelberger Katechismus behauptet sogar, dass es am Ende „Lust und Liebe“ sei, „nach dem Willen Gottes in allen Werken zu leben“ (Frage 90). Das schließt sich geradezu nahtlos an den ursprünglichen Sinn der Gebote Gottes an, nämlich nichts anderes als eine „Wegweisung der Freiheit“ zu sein. An die Stelle des „du sollst“, das ja zunächst mehr nach Einengung und Druck klingen mag, tritt nun ein „du wirst“, „du kannst“, ja „du darfst“. Wir hatten uns bereits klargemacht, dass das entsprechende hebräische Ursprungswort diese Bandbreite an Bedeutungen durchaus zulässt. Gottes Gebot nun als Befreiung zu einem anderen Leben, das möglich ist – das ist das letzte, das „vorzügliche“ Amt der Zehn Gebote. Jetzt verstehen wir vielleicht auch, weshalb in der Bibel die Gebote oft in den höchsten Tönen gelobt werden, so als sei es geradezu ein *Genuss*, ihnen zu folgen. „Deine Gebote sind süßer als Honigseim", heißt es etwa in Psalm 19. Oder: „Ich habe meine Freude an deinen Geboten, sie sind mir sehr lieb, … darum liebe ich deine Gebote mehr als feines Gold", so etwa in Psalm 119. Das alles klingt nicht gerade nach moralischem Druck und religiösem Muckertum. Wie heißt es noch in einem bekannten Kirchenlied? „Wohl denen, die da wandeln vor Gott in Heiligkeit …"

Da bekommt man doch direkt Lust, einmal selbst zur Feder zu greifen und den vielen Nietzsches und Degenhardts die alten Gebote einmal anders zu präsentieren. Vielleicht so:

> Du brauchst dein Herz nicht mehr an andere Götter und Mächte zu hängen, die dich klein machen, dich ängstigen und ausnutzen wollen, auch wenn sie noch so attraktiv daherkommen.
>
> Du brauchst dir kein eigenes Bild, keine eigenen Wunschvorstellungen von Gott zu machen. Höre auf sein Wort. Das reicht zum Leben und zum Sterben.
>
> Du hast es nicht mehr nötig, den Namen Gottes für deine eigenen Interessen zu instrumentalisieren. Weder in der Erziehung deiner Kinder noch bei einem militärischen Einsatz deines Landes.
>
> Du darfst den Feiertag halten. Du darfst dir diese regelmäßige Ruhe gefallen lassen. Arbeit ist nicht alles. Und für dein heiliges Shopping bleiben dir schließlich noch sechs andere Tage.

Du kannst einiges dafür tun, damit Eltern wie Kindern, Alten wie Jungen, Gebrechlichen wie Gesunden gleichermaßen Respekt und Zuwendung zukommen.

Du musst dich mit deinem Lebensstil doch gar nicht an dem großen Verderben von Tieren, Pflanzen, Wasser, Luft und Boden und nicht zuletzt auch Menschen beteiligen. Es gibt doch genügend Möglichkeiten, dem Leben zu dienen.

Wer behauptet eigentlich, dass du ein willenloses Opfer deiner Triebe bist? Du bist doch freier Herr deiner Entscheidung und kannst die Integrität einer anderen Beziehung, sofern du willst, schlicht achten.

Du bist überhaupt nicht genötigt zu stehlen. Kein Mensch kann dich zwingen, ein billiges T-Shirt zu kaufen, das Frauen und Kindern in Pakistan, Bangladesch, China oder Indien den gerechten Lohn vorenthält.

Du darfst die Wahrheit sagen. Nicht nur vor Gericht. Auch in einer Beziehung, die vielleicht schwierig geworden ist. Auch an einem Krankenbett, wo sonst nur ungutes Schweigen herrscht.

Du brauchst nicht begehren deines Nächsten Haus und Hof, Konto oder Karriere. Auch wenn es dir von allen Seiten anders eingeredet wird: Du musst dich nicht an dem allgemeinen Haben-Wollen, an dem vielen Gieren und Raffen, das wie ein schleichendes Gift um sich greift, beteiligen.

Das Christentum – „alles, was man nicht darf"? Von wegen! Der dritte Gebrauch des Gesetzes spricht eine andere Sprache. Der Apostel Paulus behauptet sogar: „Alles ist *erlaubt.*" Wobei er allerdings weise hinzufügt: „Aber nicht alles baut auf" (1. Korinther 10, 23). So schwingt in dem großen „du darfst" am Ende doch noch ein kleines „du sollst" mit. Ein theologischer Rückfall in Zeiten religiöser Zwanghaftigkeit und moralischer Zeigefinger? Ganz und gar nicht. Das kleine, nach wie vor auch geltende „du sollst" der Zehn Gebote scheint vielmehr der Einsicht geschuldet zu sein, dass das Reich Gottes, so sagt es die Bibel, wohl im Anbruch ist, seine Vollendung, wo es *nur* noch ein herrliches „du darfst" gibt, indes noch aussteht. Solange das noch nicht der Fall ist, *dürfen* wir nicht nur, sondern *sollen* wir auch mit dem Befolgen der Gebote wacker Zeichen setzen für eine andere, für eine erfreulichere Welt, die jetzt schon möglich ist. Damit haben die Zehn Gebote fürs Erste ihres Amtes gewaltet.

Einen Job erledigen die Zehn Gebote allerdings nicht. Es ist ausgerechnet der, der sich in der Bevölkerung wohl der vergleichsweise größten Beliebtheit erfreut. Es gibt nämlich das scheinbar nicht auszurottende Gerücht, dass die Gebote dazu da seien, damit wir irgendwann einmal vor dem lieben Gott gut dastehen. So als gehe es um einen großen Deal auf Gegenseitigkeit: Ich lege meine guten Taten auf den Tisch; dafür bekomme ich eine Anerkennung von höchster Stelle, gar eine Seligsprechung bis in alle Ewigkeit. Doch wo man meint, dass es bei den Geboten darum gehe, dürfte man im Sinne der Reformatoren gar nicht mehr von einem „Gebrauch", sondern müsste dann von einem groben „*Miss*brauch" des Gesetzes reden. „Kein Mensch", sagt Paulus, „kann durch die Werke des Gesetzes vor Gott gerecht sein" (Römer 3, 20). „Vor Gott gerecht", also von ihm bedingungslos angenommen und in alle Ewigkeit geliebt zu sein, das kann nur Gott selbst tun. Und zwar ganz unabhängig von dem, was wir meinen, moralisch auf den Tisch legen zu können.

Dem über seine eigenen Unzulänglichkeiten völlig verzweifelten Mönch Martin Luther hält der ältere Mitbruder Johannes Staupitz entgegen: „Schau auf das Kreuz!" Lebte er heute, so würde er vielleicht sagen: Was machst du dir unnötig Stress? Auch wenn du der Ansicht bist, dass du deiner Pflicht nicht genügst. Gott hat *seinen* Job doch schon längst erledigt.

XIV. HILFREICH ZU WISSEN

Zusätzliche Informationen für neugierig Gewordene

Für Leute, die nun ein bisschen neugierig geworden sind, fügen wir einfach noch ein Kapitel hinzu. Bereits beim anfänglichen, flüchtigen Lesen der Zehn Gebote waren uns ja etliche Fragen über den Weg gelaufen. Sie schienen auf den ersten Blick eher formaler Art zu sein. Doch es könnte sein, dass sich die eine oder andere Antwort, die wir den Erkenntnissen der modernen Bibelwissenschaft entnehmen wollen, noch als durchaus hilfreich erweist. Und damit dann zu einer zusätzlichen Vertiefung des Verständnisses der Zehn Gebote beiträgt. Wie das überhaupt mit den meisten Fragen rund um die Bibel ist. Sie sind in der Regel nicht damit erledigt, indem man ihnen ein rasches „so ist das eben" oder ein „das muss man einfach glauben" entgegenschleudert. Im Gegenteil: Je mehr Fragen wir stellen und je mehr – sicher auch immer vorläufige – Antworten wir bekommen, desto tiefer dringen wir meist in Schichten vor, die im Grunde nichts anderes als ein *Geheimnis* bergen. Und ein solches ist erfahrungsgemäß nicht wie ein Kreuzworträtsel zu *lösen*. Man kann sich ihm aber mit einem gewissen Respekt *nähern* – ohne es gleich als Geheimnis zu liquidieren. Wer es tut, wird jedenfalls nicht ärmer.

1. Kann Gott irren?

Was uns an den beiden Versionen der Zehn Gebote sofort aufgefallen war: Die meisten Formulierungen hüben wie drüben sind gleich oder zumindest sehr ähnlich. Doch an zwei, drei Stellen gibt es Unterschiede. Beim Sabbatgebot sogar einen etwas größeren. Moment mal, könnten wir nun sagen, wie kann es sein, dass wir in der Bibel überhaupt zwei Versionen der Zehn Gebote haben, die zudem noch nicht einmal hundertprozentig deckungsgleich sind? Haben wir nicht irgendwann einmal festgestellt, dass diese Gebote Worte von höchster, ja geradezu göttlicher Autorität sind? Kann Gott denn heute so und morgen so reden? Kann er sich vielleicht widersprechen oder am Ende gar irren?

Um es gleich zu sagen: Wir rühren hier an eine der wichtigsten Fragen, was das Verstehen der Bibel angeht. Eine Frage, die nicht nur die Zehn Gebote betrifft. Nämlich: Wie sollen wir eigentlich damit klarkommen, dass uns immer wieder gewisse Ungereimtheiten begegnen, manchmal sogar blanke Widersprüche? Man schaue sich doch nur einmal die beiden verschiedenen Schöpfungsberichte am Anfang der Bibel an, die nicht so einfach übereinanderzubringen sind. Oder die eine oder andere neutestamentliche Begebenheit, die in den vier Evangelien nicht selten auf sehr unterschiedliche, sich manchmal geradezu widersprechende Art und Weise erzählt wird. Das ist in der Tat zunächst einmal ein Problem. Und wie so oft bei Problemen, so ist auch hier entscheidend, wie wir mit ihnen *umgehen.*

Die eine Umgangsform kann man fundamentalistisch nennen. Hier versteht man die Bibel so als Wort Gottes, dass – weil eben Gott selbst sich nicht irren kann – auch sein Wort absolut irrtumsfrei, also „wahr“ sein muss. Silbe für Silbe. Buchstabe für Buchstabe. Das dahinterstehende Interesse gilt in der Regel dem Nachweis, dass „die Bibel doch recht hat“. Das kann dann bei der Erklärung jener nun einmal nicht zu leugnenden Ungereimtheiten und Spannungen zu mitunter recht halsbrecherischen Textinterpretationen führen. Ob man damit den jeweiligen Texten immer einen Gefallen tut, sei dahingestellt.

Eine andere, völlig entgegengesetzte Umgangsform, auf biblische Ungereimtheiten zu reagieren, bezeichnet sich selbst gerne als „freigeistig“. Hier werden die biblischen Ungereimtheiten und „Fehler“, die häufig mit einer geradezu detektivischen Akribie aufgespürt werden, als schlagender Beleg für die Unwahrheit der Bibel gewertet. Das dahinterstehende, fast schon missionarische Interesse ist, möglichst viele Menschen von der Widersprüchlichkeit und damit Unglaubwürdigkeit und Unsinnigkeit der Bibel, ja der christlichen Religion überhaupt zu überzeugen. Auf den entsprechenden Seiten im Internet ist ein Hinweis auf die Möglichkeit eines Kirchenaustritts meist gleich beigefügt.

Auffallend ist, dass beide Positionen, so diametral sie auch einander gegenüberzustehen scheinen, offensichtlich von demselben Missverständnis ausgehen, nämlich dass die *Wahrheit* eines Textes in dessen formaler *Richtigkeit* zu finden sei. Um es an einem einfachen Beispiel zu verdeutlichen: Was sagt etwa der Hinweis darauf, dass es ein Mädchen mit Namen „Rotkäppchen“ historisch nie gegeben hat, über den Wahrheitsgehalt dieser Geschichte aus? Sollen wir alle Märchen, Mythen, Sagen, Romane, Gedichte oder Liedtexte wegschmeißen, nur weil die sachlichen Angaben in ihnen nicht immer „richtig“ sind? Oder sollen wir sie nur dann behalten, wenn sich ihre Aussagen jeweils mit denen der Geschichtsforschung, der Geografie, der Biologie oder der Mathematik zusammenreimen? Absurd.

Es scheint vielmehr sinnvoll, beim Nachdenken über Texte der Bibel und so eben auch über die Zehn Gebote einen anderen Weg zu gehen. Man kann ihn den „verstehenden“ nennen. Dabei gehen wir – wenn man so will: ganz entspannt – davon aus, dass die Bibel nun einmal von Menschenhand beziehungsweise von sehr vielen Menschenhänden geschrieben wurde. Und dass überall dort, wo Menschen am Werk sind, es nun einmal zu Ungereimtheiten, Widersprüchen und natürlich auch Fehlern kommen kann. Ohne diese menschliche Seite der biblischen Texte zu leugnen, ist das Interesse eines verstehenden Ansatzes allerdings, nach einer Wahrheit, nach einer gültigen *Botschaft* zu suchen – *in* und manchmal auch *hinter* den Texten. Nicht zu Silben und Buchstaben, wohl aber zu solch einer wahren Botschaft, sofern sie wirklich Menschen erreicht und bewegt, sagt der Glaube „Wort Gottes“. Und dann kann man fragen, ob unterschiedliche Darstellungen ein und derselben Sache immer notwendigerweise ein Widerspruch sein müssen. Wenn etwa, um ein alltägliches Beispiel zu nennen, zwei Menschen über ein und denselben Film in sehr unterschiedlicher Weise berichten, muss das weder ein Widerspruch noch ein Fehler sein. Vielleicht haben beide durchaus Verschiedenes wahrgenommen, das sich sogar sinnvoll ergänzt und beide bereichert und am Ende dazu beiträgt, der eigentlichen Botschaft des Films ein wenig näher zu kommen.

Warum könnte es sich so nicht auch mit den von uns bereits konstatierten Unterschieden in den beiden verschiedenen Textversionen der Zehn Gebote verhalten? Wahrscheinlich greifen beide auf eine lange mündliche Überlieferung zurück. Wahrscheinlich sind beide dann irgendwann von verschiedener Menschenhand aufgeschrieben worden. Dabei sind beide – das zeigt der breite Strom an inhaltlicher Übereinstimmung – offenbar voller Ehrfurcht vor der Tradition. Dann aber setzen beide auch hier und da im Detail durchaus unterschiedliche Akzente, die – wir haben es gesehen – jeweils ganz eigene, gewichtige Botschaften zum Ausdruck bringen. Gottes Wort? Es will einem fast so scheinen, als komme es hier zu einer Art Variante der Menschwerdung Gottes. So wie Gott in Jesus von Nazareth menschliches Fleisch und Blut angenommen hat, so nimmt sein Wort in den biblischen Texten sozusagen ebenfalls „menschliches Fleisch und Blut“ an, nämlich menschliche Worte, menschliche Ausdrucksformen und menschliche Akzentsetzungen. Ein Teil jenes Geheimnisses.

Aber gerade wenn man neben ihrer unbedingten Autorität auch die menschliche Seite der Zehn Gebote konstatiert, wird man ein legitimes Interesse an den historischen und sozialen Umständen ihrer Entstehung haben dürfen und auch haben müssen. So wie wir ja beispielsweise auch manche Worte Jesu nur dann recht verstehen, wenn wir etwas mehr über die Lebensverhältnisse der damaligen Zeit in Erfahrung bringen. Das wird in der Regel dadurch ein wenig komplizierter, dass der Zeitpunkt, an dem jemand etwas aufschreibt, nicht immer identisch sein muss mit der Zeit des Geschehens, das er beschreibt. Um auch das an einem einfachen Beispiel klarzumachen: Der Aufschreiber der biblischen Schöpfungsgeschichte ist bei der Erschaffung der Welt selbst gar nicht dabei gewesen. Dass bei seiner nachträglichen Geschichte manches eine Rolle spielt, was eben *ihm* an dieser Geschichte wichtig ist, liegt auf der Hand.

Und so ähnlich haben wir uns das im Prinzip auch mit den Zehn Geboten vorzustellen. Manches darin trägt eine spätere Handschrift, die sich mit der historischen Situation der Wüstenwanderung, die für uns ohnehin ein wenig im Dunkeln liegt, nur schwer zusammenreimt. So passt etwa die Erwähnung von „Stadt", „Haus" und „Acker" gar nicht in die Situation von Nomaden in der Wüste, sondern eindeutig in die viel spätere Zeit der Sesshaftigkeit im neuen Land. Der Aufschreiber der Zehn Gebote hat also offensichtlich Dinge aus seiner eigenen Situation mit in den Text einfließen lassen, womöglich um ihn auch für seine Gegenwart aktuell zu halten. Was ja noch nicht der schlechteste Grund wäre.

2. Was man über Zeit und Umstände wissen kann

Damit sind wir bei der Frage, ob man denn überhaupt irgendwelche Angaben über die Zeit und auch die Umstände, in denen die Zehn Gebote aufgeschrieben worden sind, machen kann. Immerhin lassen sich in der Tat mithilfe der einen oder anderen Beobachtung ein paar grobe Eingrenzungen vornehmen, die für das Verständnis der Texte nicht unwichtig sind.

Auffallend ist zum Beispiel, dass die Propheten des 8. vorchristlichen Jahrhunderts wie Amos, Hosea, Jesaja oder Micha sich in ihrer harschen Sozialkritik offensichtlich nicht an den Geboten orientieren. Hätten diese ihnen als Text bereits vorgelegen, so wäre es doch für sie ein Leichtes gewesen, auf eine solch große Legitimation zurückzugreifen. Umgekehrt verrät der Text der Zehn Gebote noch nichts von der Katastrophe, die Israel mit der Eroberung durch die Assyrer im Jahr 721 v. Chr. erlebt hat, sondern setzt in manchen Formulierungen doch eher geordnete bäuerliche Verhältnisse voraus. Nimmt man beide Beobachtungen zusammen, so landen wir – bei aller Vorsicht – ungefähr um das Jahr 725 v. Chr. herum. Es ist die Zeit, in der sich die benachbarten Großmächte um Israel gegenseitig noch in Schach halten. Im Windschatten dieser politischen Großwetterlage kommt es in Israel selbst zu einer gewissen wirtschaftlichen Blüte, die allerdings auch ihre dunklen Seiten hat. Wir lesen von starken sozialen Spannungen, vor allem zwischen Arm und Reich. Wir lesen von einer zunehmenden Vermischung des Glaubens mit Fremdreligionen, ja von einer um sich greifenden Gottvergessenheit.

In diese Situation hinein bündeln die Zehn Gebote noch einmal in konzentrierter Form Gottes Weisungen für das Leben seines Volkes im neuen Land. Dabei greift ihr Aufschreiber verschiedene Einzelgebote, die es offensichtlich hier und da schon vorher gegeben hat, auf. Das kann man daran erkennen, dass die Gebote in der uns vorliegenden Form verschiedene literarische Unebenheiten aufweisen. Da gibt es *Ge*bote und *Ver*bote. Da gibt es Gebote, die in der *ersten*, und andere, die in der *dritten* Person von Gott reden. Da gibt es sehr kurze Gebote *ohne* grammatisches Objekt (zum Beispiel „Du sollst nicht töten") und solche *mit* einem solchen (zum Beispiel „Du sollst nicht begehren deines Nächsten Haus" usw.). Da gibt es schließlich apodiktische Gebote *ohne* jegliche weitere Begründung und solche *mit* zum Teil sehr ausführlichen Begründungen oder auch Hinweisen auf mögliche Folgen. Das alles deutet darauf hin, dass der Aufschreiber der Zehn Gebote ein offenbar bereits vorhandenes, vielfältiges Gebotsmaterial gesammelt, mit großem Respekt behandelt, zu einem schlüssigen ethischen Zehn-Punkte-Programm für seine Zeit zusammengefasst und schließlich in den großen erzählerischen Rahmen von der Befreiung Israels aus der Knechtschaft integriert hat. Allein das ist eine überaus starke literarische und theologische Leistung. Doch wir sind noch nicht ganz durch.

3. Nur Zahlen? Von wegen!

Was mir seinerzeit bereits im Konfirmandenunterricht aufgefallen ist: Wieso reden wir überhaupt von den *Zehn* Geboten? In den beiden uns vorliegenden Texten jedenfalls taucht diese Zahl nicht auf. Die Anzahl der Verse, nämlich 16, führt offenbar auch nicht weiter, zumal diese Durchnummerierung erst viele Jahrhunderte später erfolgt ist. Auch bringt einen eine mögliche Zählung nach Sinnabschnitten nicht zwingend auf zehn. Auf den ersten Blick sind es nämlich eher elf, vielleicht sogar zwölf thematische Teile, etwa wenn man die beiden „du sollst" im letzten Abschnitt auseinanderzieht oder – wie manche es tun – die Präambel als eigenes Gebot rechnet. Wie um alles in der Welt ist man nur auf die Idee gekommen, diesen Text als die „*Zehn* Gebote" zu bezeichnen?

Der Grund liegt einfach darin, dass an anderen Stellen der Bibel, wo auf diesen Text Bezug genommen wird, in der Tat von einer Zehnzahl die Rede ist. So heißt es zum Beispiel von Mose, dass er „die Zehn Worte, die der Herr zu euch geredet hatte, aufschrieb" (5. Mose 10, 4; vgl. 4, 13). Die Zahl Zehn liegt also zunächst einmal im ursprünglichen Selbstverständnis des Textes begründet. Man kann nun lange darüber spekulieren, warum das so ist. Die einen weisen darauf hin, dass zehn eine „runde" Zahl sei und so symbolhaft für Ganzheit, ja Vollkommenheit stehe. Dem entspricht die immer wieder begegnende Behauptung, dass die Zehn Gebote im Grunde alle Lebensbereiche umfassen. Eine steile These. Andere, etwa im Judentum, betonen mehr den gedächtnistechnischen und insofern eher pädagogischen Sinn der Zehnzahl. Mithilfe der zehn Finger ließen sich die Gebote leichter lernen. Why not. In der theologischen Wissenschaft wird im Übrigen für die Zehn Gebote meist das aus dem Griechischen stammende Wort „Dekalog" (wörtlich „Zehnwort") verwendet.

Wegen der biblisch nun einmal vorgegebenen Rede von den „zehn Worten" ist man bei der Einteilung der Gebote also angehalten, immer irgendwie auf die Zahl Zehn zu kommen. Und das machen Judentum, Katholizismus, Lutheraner, Reformierte, orthodoxe und anglikanische Kirche auf durchaus verschiedene Weise. Man könnte das rasch als belanglose Zahlenspielerei abtun, wenn diese verschiedenen Einteilungen nicht, wie wir bereits gesehen haben, zum Teil erhebliche Folgen für das Verstehen der einzelnen Textteile mit sich brächten. Dabei spielt eine nicht geringe Rolle, wie bereits der erste Satz der Zehn Gebote, der ja streng genommen gar kein Gebot ist, weil er nicht in der Befehls-, sondern in der Aussageform steht („Ich bin der Herr, dein Gott ..."), einzuordnen ist.

Der *jüdische* Glaube, der ohnehin nicht so streng zwischen den Begriffen „Gebot" und „Wort" unterscheidet, wertet diesen ersten Teil des Textes, den wir als Präambel gedeutet haben, – anders als alle anderen – als erstes Gebot. Das hat zur Folge, dass – um eben auf die Zehnzahl zu kommen – woanders gespart werden muss. In diesem Fall werden das Verbot anderer Götter und das Bilderverbot zu einem, nämlich dem nach jüdischer Zählung zweiten Gebot zusammengezogen.

Die *katholische* Kirche hingegen geht einen anderen Weg. Hier werden die ersten drei Teile des Textes, also die Präambel, das Verbot anderer Götter und das Bilderverbot, zu einem, eben dem ersten Gebot, zusammengebunden, was dazu führt, dass der letzte Teil mit seinem zweimaligen „du sollst" zu zwei verschiedenen, also dem neunten und zehnten Gebot, auseinandergeteilt werden muss. Schon ist man wieder bei der Zahl Zehn angelangt.

Nicht ganz gleich, aber in der Tendenz ähnlich, zieht *Luther* die Präambel mit dem Verbot anderer Götter zu einem, also dem ersten Gebot zusammen und teilt ebenso den letzten Teil gemäß den beiden „du sollst" auf zwei verschiedene Gebote auf. Nach Adam Riese würden wir mit dem noch nicht untergebrachten Bilderverbot in der Zählung der Gebote jetzt bei elf landen. Anders als die katholische Tradition, die das Bilderverbot im ersten Gebot mit unterbringt, lässt Luther es in seinem Katechismus nun allerdings ganz unter den Tisch fallen. Schon ist die Zehnzahl gerettet. Evangelische Freiheit? Da kommen doch Anfragen auf.

Wieder anders die *Reformierten*, die *orthodoxe* und die *anglikanische* Kirche. Ähnlich wie Luther werden zwar die Präambel und das Verbot anderer Götter zum ersten Gebot zusammengefasst, dann aber wird das nachfolgende Bilderverbot als ein eigenständiges, also als zweites Gebot gezählt. Der Text am Ende mit seinen beiden „du sollst" wird dann wieder – wie im Judentum – zu einem, nämlich dem zehnten Gebot zusammengefasst. Auch so kann man auf die Zahl Zehn kommen.

Als unbefangener Leser des Textes muss man hier sicher einmal tief durchatmen. Mit dem Zählen der Zehn Gebote ist es offenbar nicht ganz so einfach, wie es auf den ersten Blich erscheint. Doch halten wir fürs Erste fest: Die biblische Tradition ging offensichtlich von einer Zehnzahl („zehn Worte") aus. Wie sich diese Zahl für das Volk Israel der damaligen Zeit im Einzelnen auf den Text verteilt hat, wissen wir heute nicht mehr. Immerhin sind, wie wir gesehen haben, verschiedene Verteilschlüssel möglich. Dabei schließen wir nicht aus, dass bei der jeweils gewählten Möglichkeit auch theologische Interessen im Spiel sein können. Aber das Problem kennen wir auch aus anderen Zusammenhängen, wo es um die Deutung biblischer Texte geht. Ob man das wiederum als einen Nachteil ansehen muss, wie von fundamentalistischer und freigeistiger Seite gerne unterstellt wird, oder umgekehrt geradezu als einen Ausweis für die Vielfalt und Lebendigkeit des Wortes Gottes, wie sie von einer mehr verstehen wollenden und nicht zuletzt auch von jüdischer Seite betont wird, überlassen wir der geneigten Leserschaft.

Aber es hilft ja alles nichts. Wenn wir den Text der Zehn Gebote zu verstehen versuchen, muss schon eine plausible Entscheidung her. Dabei bedienen wir uns in aller christlichen Freiheit eines leicht abgewandelten paulinischen Grundsatzes: „Prüfet alles, das Sinnvolle behaltet!" (vgl. 1. Thessalonicher 5, 21). Und sinnvoll erscheint es – allein schon sprachlich – zunächst einmal, den ersten Satz (in Aussageform), also die Präambel, von allen anderen Sätzen (in Befehlsform) grundsätzlich zu unterscheiden. Dieser erste Satz wäre dann kein direkter Teil der Zehn Gebote, sondern eine Art Vorwort, wie wir das ja auch aus anderen literarischen Zusammenhängen kennen. Zum anderen scheint das zweimalige „du sollst" am Ende des Textes („Haus" und „Frau ..." beziehungsweise umgekehrt) zu dürftig, um daraus zwei verschiedene Gebote zu konstruieren, in denen es ersichtlich ja nur um ein und dasselbe Thema geht, nämlich das Begehren dessen, was einem nicht gehört. Schließlich wäre dann das Bilderverbot als ein eigenständiges anzusehen, wofür immerhin etliche inhaltliche Gründe sprechen und nicht nur die Notwendigkeit, am Ende irgendwie auf die Zahl Zehn zu kommen. Alles nur eine Zahlenspielerei? Von wegen.

4. Von Chagall bis Hollywood: die zwei Tafeln

Doch die Sache mit den Zahlen geht noch weiter und macht die Geschichte nicht einfacher. Wenn im Alten Testament von den Zehn Geboten die Rede ist, taucht nicht nur die Wendung von den „zehn Worten", sondern ebenso die von den *„zwei steinernen Tafeln"* auf. Im Anschluss an die zweite Version der Zehn Gebote etwa heißt es: „Das sind die Worte, die der Herr redete ... und schrieb sie auf zwei steinerne Tafeln" (5. Mose 5, 22; vgl. 4, 13). Nicht zu zählen sind mittlerweile die vielen Gemälde, Kirchenfenster, Grabsteine, Hollywoodfilme und Comics, die genau diesen Vorgang anschaulich ins Bild setzen. Berühmt sind zum Beispiel Marc Chagalls vielfache Mosedarstellungen, auf denen dieser die beiden schweren Tafeln umklammert hält. Unlängst fand auch Udo Lindenbergs Bildreihe „Udos 10 Gebote" Beachtung, in der der kleine Mose (Udo?) einer übergroßen vom Himmel herniederschwebenden Steintafel entgegengreift.

Theologisch haben wir allerdings schon wieder ein Zahlenproblem. Denn man kann fragen: Wieso *zwei* Tafeln und nicht zum Beispiel eine oder drei oder zehn? Gibt es denn außer der Zehnteilung noch eine weitere, eben eine Zweiteilung der Gebote? Wenn man sich den Text unter dieser Fragestellung noch einmal durchliest, erkennt man rasch, dass es in ihm – inhaltlich gesehen – in der Tat zwei Arten von Geboten gibt. Die einen beziehen sich unmittelbar auf *Gott* (sozusagen die „erste Tafel"), die anderen auf den *Menschen* (die „zweite Tafel"). Auf diese – offenbar schon im alten Israel übliche – Einteilung bezieht sich auch Jesus, wenn er auf eine Anfrage der Pharisäer und Schriftgelehrten nach dem höchsten Gebot antwortet: „Du sollst den Herrn, deinen Gott, lieben von ganzem Herzen, von ganzer Seele und von ganzem Gemüt. Dies ist das höchste und erste Gebot. Das andere aber ist dem gleich: Du sollst deinen Nächsten lieben wie dich selbst" (Matthäus 22, 37-39). Dabei fällt auf, dass Jesus in beiden Fällen auf alttestamentliche Formulierungen zurückgreift (5. Mose 6, 5 und 3. Mose 19, 18). So weit, so gut.

Die theologische Frage, die sich nun allerdings seit alters erhebt, ist schlicht: Welche Gebote haben denn ausschließlich mit Gott und welche vor allem mit dem menschlichen Miteinander zu tun? Auch hier gibt es verschiedene Antworten, die jeweils auch etwas mit der vorherigen Frage nach einer sinnvollen Zehnereinteilung zu tun haben. Man kann sich das sehr schön auf den verschiedenen bildhaften Darstellungen der zwei Tafeln veranschaulichen. Mal sind da nämlich die Zehn Gebote schiedlich friedlich fünf zu fünf auf die zwei Tafeln verteilt. Mal erscheinen auf der ersten vier und auf der zweiten sechs, dann wieder auf der ersten drei und auf der zweiten sieben. Wie kommt es zu diesem abermaligen Durcheinander? Nun, für alle Versionen gibt es auch hier jeweils Gründe.

Im *Judentum* begegnet uns durchweg die 5+5-Aufteilung, häufig etwa in abgekürzter Form auf der Außenseite eines Thoraschreins zu sehen. Zur Fünfzahl kommt es daher, dass zu den sich auf Gott beziehenden Geboten auch das Elterngebot gezählt wird. Die dahinterstehende Vorstellung: Durch Zeugung und Kindererziehung sind Vater und Mutter gewissermaßen am Schöpfungswerk Gottes beteiligt. Wer ihnen die Ehre erweist, erweist sie Gott. Eine Auffassung, über die man sicher auch diskutieren kann. Aber gerade dazu lädt das Judentum ja immer wieder ein.

Die 3+7-Variante begegnet uns sowohl in der *katholischen* wie in der *lutherischen* Tradition. Gemäß ihrer Entscheidung der Zehnteilung der Gebote finden wir hier die Gebote, keine anderen Göttern zu haben, Gottes Namen nicht zu missbrauchen und den Sabbat zu halten, auf der ersten, alle anderen Gebote auf der zweiten Tafel, allen voran das Elterngebot. Aus katholischer beziehungsweise lutherischer Sicht ist diese Aufteilung natürlich plausibel.

In den *reformierten, orthodoxen* und *anglikanischen* Kirchen und ihren jeweiligen Katechismen findet sich – wieder entsprechend den Entscheidungen in der Zehnerfrage – die 4+6-Version. Danach haben wir es neben den drei katholisch-lutherischen ersten Geboten auch in dem als eigenständig geführten Bilderverbot unmittelbar mit Gott zu tun. Hier und da wird allerdings auch die Frage diskutiert, ob nicht das Sabbatgebot eher auf die „rechte", also die „soziale" Tafel gehört, zumal es in diesem Gebot weniger um kultische, also nur auf Gott bezogene Dinge geht, sondern mehr um gesellschaftlich relevante Anweisungen.

Von alten, ehrwürdigen Altarbildern bis hin zu neueren, schwülstigen Hollywoodschinken – allein das anschauliche Bild von den zwei Tafeln gibt manchen Anlass zum Nachdenken. Aber das muss ja, wie wir schon mehrfach gemerkt haben, wahrhaftig kein Nachteil sein.

5. Nicht zuletzt: Wer ist „Du"?

So bleibt last but not least die schlichte Frage: Wer ist eigentlich mit dem „Du" gemeint, das sich mit einer fast stampfenden Monotonie durch alle Gebote hindurchzieht („du sollst ..., du sollst, ... du sollst")? Irgendeine bestimmte Person? Oder eine bestimmte Gruppe? Du oder ich? Oder ist das „Du" eher im Sinne von „man" zu verstehen? So wie der ehemalige deutsche Nationaltorhüter und heutige TV-Kommentator Oliver Kahn fast jeden seiner analysierenden Sätze mit solch einem verallgemeinernden „Du" versieht: „Als Torhüter musst du natürlich solche Bälle halten." Wer ist „Du"? Der Blick in den Text der Zehn Gebote gibt zwei verschiedene Antworten, die sich nur scheinbar widersprechen.

Zunächst begegnet uns das „Du" bereits in der Präambel, wenn auch in gebeugter Form: „Ich bin der Herr, *dein* Gott, der ich *dich* aus Ägyptenland, aus der Knechtschaft, geführt habe." Aus der ägyptischen Knechtschaft wurde aber weder ein einzelner Mensch noch allgemein die Menschheit als solche geführt, sondern konkret das Volk Israel. Erste Antwort auf unsere Frage nach dem „Du" in den Geboten: Hier haben wir es offensichtlich mit einem „kollektiven Du" zu tun. Dass mit solch einem „Du" ein ganzes Volk oder Land angesprochen werden kann, kennen wir aus der Literatur. „Dass sie ein Grab dir graben ... Deutschland, siehst du das nicht?" heißt es zum Beispiel in einem Gedicht von Kurt Tucholsky. Und das finden wir relativ häufig auch in der Bibel. Am eindringlichsten wohl in dem wichtigsten Gebet des jüdischen Volkes, dem sogenannten „Schma Jisrael“: „Höre, Israel, der Herr ist unser Gott, der Herr ist einer. Und du sollst den Herrn, deinen Gott, lieb haben von ganzem Herzen, von ganzer Seele und mit all deiner Kraft“ (5. Mose 6, 4f). Gewiss ist hier auch der Einzelne angesprochen, aber immer nur als Teil des Ganzen. Individualität in unserem modernen Sinne, also als Gegensatz zur Kollektivität, ist dem alttestamentlichen Denken völlig fremd. Deshalb kann der Einzelne beten: „Herr, gedenke *meiner* nach deiner Gnade, die du deinem *Volk* verheißen hast“ (Psalm 106, 4). Die Zehn Gebote gelten also zunächst dem Volk Israel im Ganzen und insofern auch jedem Einzelnen darin. Soweit die erste Antwort.

Wenn wir jetzt aber in den übrigen Text, also die eigentlichen Gebote, sehen, dann bekommt die Frage nach dem „Du“ noch eine andere, scheinbar widersprechende Antwort. In etlichen der Gebote werden im Zusammenhang mit dem „Du“ nämlich Dinge genannt, die nicht unbedingt auf das ganze Volk, sondern nur auf eine bestimmte Gruppe zutreffen können: „Sohn“ und „Tochter“, „Knecht“ und „Magd“, „Vieh“ und „Acker“ hat sicher nicht jeder Mensch in dem Land. Das Recht und die Pflicht, als Zeuge aufzutreten, und also die Möglichkeit, auch „falsch Zeugnis zu reden“, war in der Regel nur dem erwachsenen Mann vorbehalten. Ebenso die Teilnahme am Kult, wie sie in den ersten drei Geboten anklingt. Schließlich wird man bei der Frage, wer mit dem Gebot, „deines Nächsten Frau zu begehren“, angesprochen sein könnte, sicher nicht Kinder und vielleicht nur in sehr begrenztem Maße auch Frauen im Blick haben dürfen. Kurz: Es scheint fast so, als ob – im Unterschied zu jenem „kollektiven Du“ der Präambel – nun in den Geboten selbst nur eine bestimmte Gruppe und in ihr der jeweils Einzelne angeredet wird, nämlich der freie, erwachsene, kult- und rechtsfähig Mann, der sesshafte Bauer mit Land- und Viehbesitz. Nicht im Blick bei diesem zweiten „Du" sind offensichtlich Kinder, Frauen, Knechte und Mägde und schließlich die sogenannten „Fremdlinge". Sie alle erscheinen nicht als angesprochene Subjekte, sondern allenfalls als Objekte gebotenen Handelns in einer männerdominierten Welt.

Wer ist „Du"? Also: Wer ist mit den Zehn Geboten in der Bibel überhaupt angesprochen? Das ganze Volk und alle Einzelnen darin? Oder nur eine bestimmte Bevölkerungsgruppe? Für beide Antworten gibt es, wie wir gesehen haben, immerhin gewichtige Textbeobachtungen. Aber müssen diese überhaupt einen Widerspruch darstellen? Könnte es nicht sein, dass der Aufschreiber der Zehn Gebote das vorhandene, mehr allgemein gehaltene Gebotsmaterial schlicht und einfach auf seine Zeit und seine gesellschaftliche Gegenwart hin ausgerichtet hat? So wie ja auch heute jede ordentliche Predigerin und jeder ordentliche Prediger den vorliegenden Bibeltext auf die gegenwärtige Situation hin auszulegen hat. Schon in der Bibel selbst werden die Gebote immer wieder in ihre jeweilige Zeit hinein jeweils neu aktualisiert. Man nehme nur einmal etwa Jesu Umgang mit dem Sabbatgebot (vgl. Markus 2, 23-28 u. ö.) oder die Interpretation des Elterngebots durch den Apostel Paulus (vgl. Epheser 6, 1-4). Wenn nun in den Geboten, so wie sie uns vorliegen, hier und da durchaus konkrete, nur für bestimmte Menschen zutreffende Dinge genannt werden, so heißt das zunächst einmal, dass der Aufschreiber der Gebote von deren bleibender Gültigkeit überzeugt war, die er dann allerdings genau an den Verhältnissen konkretisiert hat, in denen er nun einmal lebte.

Und könnte es schließlich sein, dass das genau der Schlüssel ist, der uns bei dem Versuch, die Zehn Gebote zu verstehen, helfen kann? Also – wenn man so will: im Glauben – die bleibende Gültigkeit der Gebote anzuerkennen und – mit dem Verstand – danach zu suchen, was sie uns *heute* zu sagen haben? Schade, dass es die alte „Quick" nicht mehr gibt. Da hätte man sich mit dem einen oder anderen Leserbrief vielleicht doch noch ein wenig einmischen können.

Quellenangaben

S. 7: Heiner Geißler, zit. nach Rheinische Post, 23. 04. 1994.

S. 8: Heino, zit. nach Stern Magazin 52, 2001, S. 58.

S. 8: Thomas Mann, Das Gesetz, Sämtliche Erzählungen, Frankfurt am Main 1963, S. 6.

S. 8: Quick, zit. nach Ernst Joachim Waschke, Zum Leben befreit, Neukirchen-Vluyn 1989, S. 10.

S. 17: Anselm von Canterbury, Monologion. Proslogion, Köln 1966, S. 197.

S. 22: Heidelberger Katechismus, Revidierte Ausgabe, Neukirchen-Vluyn, 7. Aufl. 2015.

S. 25: Karl Barth, Evangelium und Gesetz, ThExh 35, München 1935.

S. 26: Frank Crüsemann, Bewahrung der Freiheit, München 1993, S. 46.

S. 26: Wolf Biermann, Was verboten ist, das macht uns grade scharf, CD Zu Gast bei Wolfgang Neuss – West.

S. 26: Kurt Feltz, Wir kommen alle, alle, alle in den Himmel, Single Electrola, 1952.

S. 29: Martin Luther, Der Kleine Katechismus, Luther Deutsch, hg. von Kurt Aland, Band 6, Göttingen 1983, 142ff.

S. 35: Martin Luther, Der Große Katechismus, Luther Deutsch, hg. von Kurt Aland, Band 3, Göttingen 1983, S. 20.

S. 53: Diethard Zils, Kommt herbei, singt dem Herrn (EG 577, 4).

S. 54: Max Frisch, Der andorranische Jude, in: Tagebücher 1946-1949, Frankfurt am Main 1985, S. 374.

S. 55: Udo Lindenberg: „Ja, der Rahmen war schon fertig", aus: Sie liebten sich gigantisch, T+M: Lindenberg, „Keule" 1982.

S. 58: Theodor Heuß, zit. nach Rudi Michel, Geschichten zur Fußballgeschichte, CD Hamburg.

S. 66: Dietrich Bonhoeffer, Bonhoeffer Brevier, München 1979, S. 441f.

S. 66: Johann Wolfgang von Goethe, zit. nach Ernst Joachim Waschke, Zum Leben befreit, Neukirchen-Vluyn 1989, S. 56.

S. 71 und S. 178: Franz Josef Degenhardt: „Da treten sie zum Kirchgang an", Deutscher Sonntag, T+M: Degenhardt, „Spiel nicht mit den Schmuddelkindern" 1965, Polydor.

S. 74: Die Pessach-Haggadah, Tel-Aviv 1971, S.15.

S. 86: Rudolf Höß, Kommandant in Auschwitz, hg. von Martin Broszat, München, 23. Aufl. 2011, S. 34f.

S. 89: Hermann Rolfus, Katholischer Katechismus, Einsiedeln u.a. 1897, S. 409.

S. 89: Anne de Vries, Die 10 Gebote für die Kinder erklärt, Konstanz 1960, S. 16.

S. 91: Joachim Fuchsberger, Altwerden ist nichts für Feiglinge, Gütersloh 2011.

S. 95: Gustav Lohmann, Hilf, Herr meines Lebens (EG 419, 2).

S. 96: Kaiserswerther Mitteilungen 130, Düsseldorf 1996/1, 6.

S. 102: Martin Luther, zit. nach Emanuel Hirsch, Hilfsbuch zum Studium der Dogmatik, Berlin 1963, S. 85.

S. 108: Hans A. de Boer, zit. Nach Rheinische Post, 13.04.2017.

S. 108: Ernst Lange: „So lange Menschen hungern und dürsten auf der Welt“, Bin ich des Bruders Hüter? T: Ernst Lange, Cantate Domino, veröffentlicht im Auftrag des Ökumenischen Rates der Kirchen, Kassel u. a. 1974.

S. 109: Dietrich Bonhoeffer, Ethik, München 1963, S. 256.

S. 114: Wilhelm Busch: „Oh wie lieblich, oh wie schicklich“, Herr und Frau Knopp, 1876.

S. 115: Katechismus der Katholischen Kirche, www.vatican.va/archive.de, 2360 – 2363.

S. 116: Wolf Biermann, So soll es sein – so wird es sein, in: Für meine Genossen, Berlin 1972, S. 92.

S. 125: Ernst Lange, Die zehn großen Freiheiten, Gelnhausen/Berlin 1965, S. 7.

S. 126: Jan Milič Lochman, Wegweisung der Freiheit, 2. Aufl. 1984, S. 101.

S. 142f: Leonhard Ragaz, zit. nach Ernst Joachim Waschke, Zum Leben befreit, Neukirchen-Vluyn 1989, S. 121f.

S. 145: Wilhelm Busch: „Wer möchte diesen Erdenball, Kritik des Herzens, 1876.

S. 157: Dietrich Bonhoeffer, Ethik, München 1963, S. 390.

S. 159: Augustin Aurelius: „Miteinander reden und lachen“.

S. 163: Thomas Middelhoff, „Ich habe Todsünden begangen“, ideaSpektrum 51/52, 2018, S. 17.

S. 163: Helmut Thielicke, zit. nach DER SPIEGEL 38/1969, S. 180.

S. 171: Annalena Baerbock, zit. nach Westfälische Rundschau, 24. 11. 2018.

S. 198: Kurt Tucholsky, Deutschland erwache! Theobald Tiger, Arbeiter Illustrierte Zeitung, 1930, Nr. 15, S. 290.

Lernen, über den Glauben zu reden

Gerade unter protestantischen Menschen regiert in Glaubensfragen nicht selten eine gewisse Rat- und Sprachlosigkeit. Mit „Was ist eigentlich evangelisch?" gibt Okko Herlyn eine erste Orientierung: von den biblischen Wurzeln über die geschichtlichen Entwicklungen bis hin zu aktuellen Gegenwartsbezügen. Sie machen Mut, sich selbst mit einem wachen, Gott und der Welt zugewandten Protestantismus auseinanderzusetzen.

Okko Herlyn
Was ist eigentlich evangelisch?
Eine Orientierung

gebunden,
mit Schutzumschlag,
191 Seiten,
ISBN 978-3-7615-6241-3

---

neukirchener